# EL LIBRO TIBETANO DE LA MUERTE

Isidro Gordi

Ediciones Amara. Ciutadella de Menorca

Publicado por vez primera en 2009
por Ediciones Amara

2009 © Isidro Gordi
2009 © Por Ediciones Amara

Diseño de la portada: © Federica Mahieu



ISBN de la obra: 978-84-95094-35-3
Depósito Legal: B. 30.104-2009
Romargraf, S.A
L'Hospitalet de Llobregat

# Contenido

# Agradecimientos

Mi trabajo no sería el mismo sin la inestimable ayuda de Marta, mi mujer, quien me brinda su apoyo constante, ni sin el de nuestra querida amiga Federica que, una vez más, ha leído mi mente diseñando una portada en la que incluso la muerte tiene un aire alegre.

1

# Introducción

El primero de los Cuatro Sellos[1] que presentan diversos textos clásicos budistas reza así:

*Todos los fenómenos son transitorios, impermanentes.*

El objetivo de éste dictamen, o sello, es advertir acerca de cosas y hechos que, de tan cercanos, hemos aprendido a ignorar. Vivir de acuerdo a este concepto, incorporarlo a nuestra psique, aporta grandes ventajas. Omitir esa realidad, en cambio, nos reserva muchas consecuencias negativas.

Aunque existen algunos fenómenos muy específicos que son permanentes o estáticos[2], este sello alude a todo lo que te rodea, incluyendo tu propia mente, y tu propio sentido del yo.

Existen dos tipos de impermanencia, la burda que es relativamente fácil de detectar, y la sutil, más inextricable. La primera se refiere a los cambios evidentes que todo y todos sufrimos: vamos de la niñez a la juventud, de la juventud a la edad adulta, de la salud a la enfermedad, entramos en la vejez, y de la vejez, nos encaminamos directamente hacia la muerte.

---

[1] todos los fenómenos compuestos son transitorios
todas las cosas contaminadas son sufrimiento
todos los fenómenos carecen de existencia propia
el Nirvana es la paz verdadera

[2] Según la filosofía budista "permanente" o "estático" alude a fenómenos que no cambian, un ejemplo de ello serían los conceptos.

Las cosas son así, dice el Buda. ¿Qué podemos hacer para remediar la situación? Tenemos dos alternativas: ignorar la realidad, o enfrentarla para extraer el máximo provecho de nuestro paso por este mundo.

La mejor opción es utilizar la impermanencia y la muerte como plataforma para afrontar las vicisitudes con las que nos desafía la vida. A partir de una comprensión experiencial[3] de la impermanencia y la muerte, abrazamos actitudes tan saludables como dejar de alterar la realidad; liberarnos de la obsesión por las cosas que nos rodean; aceptar los acontecimientos del día a día, buenos y malos; superar el temor a la muerte; despertar sentimientos de verdadera empatía con los demás. Y, lo más importante, entender nuestra propia naturaleza: saber quienes somos realmente.

Aryadeva, erudito budista del siglo II después de Cristo, compuso la obra *Los Cuatrocientos*, un tratado de importancia capital en la tradición Mahayana. En el primer capítulo, Aryadeva ofrece numerosos consejos para abandonar el aferramiento a la permanencia, que muchos eruditos budistas equiparan con un demonio, por el grave perjuicio que nos causa.

Mi propósito al darle forma a éste libro, es transmitir la idea de que pensar en la propia mortalidad *no es deprimente*, sino un ejercicio indispensable que activará en nosotros la energía necesaria para afrontar con lucidez este momento absolutamente crucial.

Con estrofas como esta, Aryadeva nos advierte del error que supone actuar como si fuésemos a vivir eter-

---

[3] Tokpa es la palabra tibetana. Y se refiere a una comprensión no intelectual y que es producto de escuchar contemplar y meditar. Es el elemento que transforma nuestras ideas erróneas en correctas. Suele traducirse como realización espiritual.

namente –un análisis honesto nos pone al descubierto que la mayoría somos víctimas de éste equívoco–.

Como reses camino del matadero,
La muerte nos es común a todos.
Además, ¿Por qué aun viendo a muchos otros morir,
No temes al Señor de la Muerte?

Nos enfrenta a nuestra contradictoria manera de pensar con versos como los que siguen:

Te gustaría vivir mucho tiempo,
Pero te desagrada la vejez
¡Sorprendente!
Con tales pensamientos, no es de extrañar tu descuidada conducta.

Realmente, pensándolo bien, resulta bastante paradójico: por un lado quieres vivir mucho tiempo y, por el otro, no deseas envejecer.

He aquí el propósito último de meditar en la muerte que nos plantea el autor de los versos:

Quienquiera que cultive el pensamiento "voy a morir",
Tras haber abandonado completamente el apego,
¿Qué motivo tiene para temer
Ni siquiera al Señor de la Muerte?

Si uno se esfuerza por tener presente la certeza de la muerte y la impermanencia de las cosas en sus meditaciones, se liberará tanto del apego al "yo" como a lo "mío". ¿Qué debe temer quien se sumerge en esta idea y abandona las distracciones? ¿Qué debe temer quien deja de perder el tiempo vanamente para dedicar toda su energía al objetivo de eliminar, precisamente, la raíz de todo temor: la ignorancia? Una vez eliminada la ignorancia que desconoce la naturaleza del yo y la realidad ¿Qué motivo hay para temer siquiera muerte?

En el siglo pasado, Sigmund Freud afirmó que comprender nuestra propia sexualidad era indispensable para conseguir un cierto grado de madurez psicológica. En la actualidad, muchos psicólogos humanistas sostienen la teoría de que despertar la conciencia de la propia muerte y de la incerteza de la vida, nos puede ayudar a llevar una vida más equilibrada. Es evidente que la percepción de la sexualidad está en la calle como nunca lo había estado en los últimos cincuenta años. No obstante, la muerte sigue siendo un tema que esquivamos; ver un cadáver nos llena de temor, nos incomoda incluso la vista lejana de un cementerio... No es extraño que la idea de que la muerte puede sernos útil en la vida cotidiana, nos provoque rechazo. La velocidad a la que nos toca vivir, no nos deja mucho espacio para pensar en lo que se encuentra más allá de lo inmediato. La consecuencia es que vivimos la vida con la errónea asunción de que la muerte es algo que tendremos que afrontar muy a largo plazo.

El temor a la muerte obedece a distintos motivos, compartidos por la mayoría de nosotros. El primero de ellos, quizás, sea el miedo a lo *desconocido*, el miedo a lo que nos espera una vez cae el telón de esta vida. Sin embargo, para ayudarnos a superarlo tenemos a nuestro alcance las minuciosas explicaciones que nos ofrecen los textos budistas sobre lo que ocurre durante el proceso de la muerte y más allá de ella.

El segundo motivo es la *angustia* que nos produce saber que la muerte es la disolución del yo (o de lo que sea que consideramos nuestra esencia), y de todo aquello que lo sustenta –familia, amigos, patria, bienes, conocimiento. A este respecto, el objetivo de la filosofía del vacío es llegar a descubrir la irrealidad del yo que proyectamos, de ese yo que creemos ser, de ese yo al que tanto nos aferramos. Darnos cuenta de que el yo podría ser solo una ficción recreada por la ignorancia respecto al modo en que existe todo, disiparía gran parte de nuestros temores ante la muerte. Replantearnos, no solo la existencia del yo, sino de todo aquello que éste yo disfruta nos ayudará a descubrir nuestra verdadera naturaleza.

Dice el filósofo budista, Shantideva, en su *Bodhisavcarayvatara*.

Si un "yo" existiese verdaderamente, cualquier cosa podría atormentarnos. Pero, puesto que este "yo" no existe, ¿quién o qué teme? (Verso 56. Capítulo 9).

El monje tailandés, Vajiramedhi cuenta en su libro *Looking Death in the Eye*[4] que, en el pasado, era costumbre cuando alguien moría que sus vecinos llevaran unos leños a la pira funeraria, y ofrecieran arroz al viudo o viuda para que, después del funeral, pudiera agasajar a los presentes. Esa tradición recordaba que, un día, también alguien traería madera para tu propia pira. El arroz era símbolo de solidaridad con los que padecían el luto. Transportar a hombros el cadáver hasta el lugar de la cremación servía para tomar conciencia de

---

[4] Será publicado por Ediciones Amara en el 2010

la propia muerte, al tiempo que se les transmitía a los familiares el mensaje de que no estaban solos. Los asistentes al funeral solían quedarse hasta ver carbonizado el cuerpo; atestiguaban con sus propios ojos cómo el fuego consumía el cadáver: el humo, los olores, quedaban registrados en sus mentes y les recordaban la verdadera naturaleza del cuerpo. Antes de dar paso a la incineración, rompían una vasija de arcilla para simbolizar que el recipiente donde residen los cinco agregados[5] que constituyen nuestro ser, se romperá algún día. Mientras llevaban el cadáver en comitiva hasta la pira funeraria, lanzaban bengalas para recordar que la vida solo deja tras de sí humo y polvo, nada sustancial. Por último, Vajiramedhi, se queja de que en tiempos pasados, cuado un cadáver era llevado a un templo, los monjes aprovechaban los rezos para meditar en la muerte pero, hoy en día, probablemente pasan el tiempo especulando sobre cuánto dinero recibirán después de la ceremonia.

La vida y la muerte están intrínsecamente vinculadas, son como los polos opuestos de un imán. Los antiguos griegos hablaban de Eros y Thanatos. Eros representa el aspecto vital de nuestro ser, nos hace sentir fuertes y poderosos. Thanatos señala las limitaciones del hombre y, por lo tanto, nos insta a ser humildes. Platón dejó plasmado este pensamiento de Sócrates:

Ten una buena actitud ante la muerte, y conoce esta verdad: Nada malo le puede ocurrir a un buen hombre, ni en esta vida ni después de la muerte.

---

[5] Estos son: la forma, la sensación, el discernimiento, los factores composicionales y la consciencia.

# 2

## La muerte no es el final

En las enseñanzas budistas se alude a la muerte en multitud de ocasiones, pero es muy importante tener en cuenta que *siempre* se hace dentro del contexto de la continuidad de nuestra consciencia, nunca desde el *cese total* de la existencia. Aunque ya no forma parte de nuestro ideario común, lo hemos olvidado colectivamente, el concepto del renacimiento –continuidad de la mente– no es tan ajeno a nuestra cultura. En su último discurso, Sócrates dice cosas como:

O la muerte es la extinción absoluta del ser..., de la sensación, o, como dicen, es una mudanza y un tránsito de aquí a otro mundo. (Tercera Parte de la *Apología*).

Y también:

Temer la muerte no es otra cosa que tenerse por sabio no siéndolo, dado que es creer que se sabe lo que no se sabe. Nadie conoce la muerte, ni sabe si es ella el mayor de los bienes para el hombre. Sin embargo todos la temen como si se supiera de cierto que es el mayor de los males. ¿Y no es la más vergonzosa ignorancia el presumir de saber lo que no se sabe? (En la Primera Parte de la *Apología*).

Por último en la *Inmortalidad del Alma* dice:

Si la muerte fuera la disolución de toda existencia tendrían los malos una gran ganancia después de la muerte, libres al mismo tiempo de su cuerpo, de su alma y de sus vicios; pero puesto que el alma es inmortal no tiene otro medio de liberarse de sus males y no hay más salvación para ella que volviéndose muy buena y muy sabia. Porque consigo no lleva más que sus costumbres y hábitos, que son, se dice, la causa de su felicidad o de su desgracia.

También existen evidencias de que los primeros cristianos, particularmente los esenios, creían en la continuidad de la consciencia, y de que la teoría no se excluyó "oficialmente" del cristianismo hasta el Concilio celebrado en el año 292, después de Cristo.

La creencia de la reencarnación está basada en un discernimiento que filósofos y meditadores budistas transmiten desde la experiencia: *cada instante de consciencia es producto del desvanecimiento del instante de consciencia inmediatamente anterior.* Por lo tanto, la mente de nuestra vida presente es una "unidad" que surgió en el último instante de mente de nuestra vida pasada.

Aunque hay distintos razonamientos que avalan la presunción de la continuidad de la consciencia, solo mencionaré algunos de los más importantes a modo de reflexión:

1. *Cualquier efecto o resultado tiene como causa principal un fenómeno de aspecto similar.* Este razonamiento se basa en la asunción de que los aspectos materiales y no materiales de nuestra vida son cosas diferentes. En Occidente, el término "mente" es prácticamente sinónimo de cerebro. Sin embargo, la filosofía budista *solo* considera el cerebro como una parte del cuerpo, que aún siendo de vital importancia en el organismo, no deja de ser sustancia material.

Confundir mente y cerebro es normal, en cierto modo, ya que la actividad de la mente está muy vinculada al funcionamiento del cerebro. Además, la cabeza es la zona donde se concentran la mayoría de nuestros sentidos –la visión, la escucha, el gusto y el olfato– y, obviamente, las conexiones de éstos sentidos con el cerebro son imprescindibles para su buen funcionamiento.

La autoridad de los textos de lógica budista sostiene que la causa del cuerpo solamente puede ser un fenómeno de aspecto previo similar, es decir, de naturaleza material: la unión de óvulo y esperma de nuestros padres. La procedencia de la mente, siguiendo ésta misma lógica, debe tener un aspecto previo similar, de naturaleza inmaterial: el continuo mental procedente de nuestra vida previa.

Cuando el budismo habla de reencarnación, o continuidad de la consciencia, se refiere a la sexta consciencia, la mental, y específicamente, a su aspecto más sutil denominado Luz Clara: este es el aspecto de la mente que se reencarna. Se trata de un nivel de mente que se prodiga muy poco a lo largo de nuestra vida. Se activa muy brevemente al dormirnos, justo antes de empezar la actividad onírica, en la experiencia del orgasmo, y también al final del proceso de nuestra propia muerte. Es la última expresión de mente que tendremos en ésta vida.

El verdadero propósito de la meditación es ponernos en contacto con la experiencia de este nivel tan sutil de consciencia, con esa mente última que nos acompañará en el momento postrero, cuando todo razonamiento para convencernos de la continuidad de la consciencia ya no será relevante.

2. *Diferencias entre la causa principal y las causas secundarias.* Este razonamiento se usa en muchos textos clásicos budistas. La idea básica es la siguiente: cualquier fenómeno requiere dos condiciones para su existencia: una causa principal y una causa secundaria.

La causa principal es la sustancia que se transformará en algo específico; las causas secundarias son todos aquellos factores que contribuyen a que sea así. Por ejemplo, la causa principal de un tomate es una semilla, que se transformará en una planta tomatera. Las causas secundarias serían, el agua, el fertilizante y la temperatura adecuada. Sin la presencia de la causa principal nunca se producirán tomates; las causas secundarias son importantes, pero no son lo fundamental. Como se ha visto previamente, debe existir un factor de similitud entre la causa principal y su resultado: tiene que haber algo en la semilla de tomate similar al resultado que producirá.

¿Cuál sería, pues, la causa principal de un fenómeno inmaterial como la mente? Empecemos identificando la causa principal del primer instante de nuestra mente en esta vida –en el momento de ser concebidos. La causa principal ha de ser un fenómeno que solo puede ser de dos tipos: permanente o impermanente. El primero es fácilmente descartable ya que un fenómeno permanente no cambia, es estático y no puede producir nada. Es decir, por deducción, deberá tratarse de un fenómeno cambiante. La causa principal de la mente ha de ser un fenómeno impermanente.

Ahora bien, existen dos categorías de fenómenos impermanentes o cambiantes: materia física y sustancia mental. La materia física puede ser también de dos clases: materia física interna y materia física externa.

Asumamos que la causa principal de la mente sea la materia física interna, aquellas conexiones neuronales que hacen posible que se manifiesten los poderes sensoriales asociados a nuestras cinco consciencias: visual, auditiva, gustativa, olfativa o del tacto. Estos no pueden ser la causa principal de la mente puesto que un invidente no ve pero, obviamente, piensa, siente, genera conceptos, recuerdos y demás. Además, para ser una causa principal debe ser *sustancialmente similar* a aquello que produce. Si el poder sensorial visual fuese lo que produce la mente, ésta tendría la misma capacidad y naturaleza que dicho poder sensorial de la vista. Es decir, si hemos ido hasta la nevera para picar algo, al regresar a nuestro sillón, la mente debería poder ver con la misma nitidez que nuestros ojos las cosas que guardamos en la nevera, pero la mente solo puede *recordar* lo que hemos visto, y no tan claramente como cuando tenemos la percepción directa de dichos artículos.

Si llegamos a la conclusión que uno de estos poderes no puede ser la causa principal de la mente, queda descartado que pueda serlo cualquier otro, o todos ellos en su conjunto.

Consideremos otra posibilidad, que la causa principal de la mente pueda ser la materia física externa. La materia física externa son, esencialmente, los cuatro elementos o energías básicos. Cualquier fenómeno material se constituye de cuatro elementos: el *elemento tierra*, que le confiere la solidez o dureza, el *elemento agua*, que le dota de fluidez y humedad, el *elemento fuego*, le proporciona temperatura, y el *elemento aire*, movimiento. En términos más modernos podríamos hablar de que la materia se compone de átomos o partículas. Pero, en definitiva, solo tenemos dos probabilidades:

la mente ha surgido de un único elemento o partícula; o ha surgido de su conjunto. Una razón que descarta a cualquiera de los cuatro elementos como causa principal de la mente, es que unos y la otra no son similares en cuanto a naturaleza: Los cuatro elementos son materiales y la mente no lo es.

La definición de mente es: *un fenómeno que es claridad y conocimiento (o capacidad de conocer)*. El concepto "claridad" en esta definición, se refiere a la condición cristalina e invisible de la mente; alude a la ausencia de cualquier constituyente físico, porque la mente no se puede ver, oler, saborear, medir, tocar, mover, comprimir, estirar, ni perforar, naturaleza no compartida por ninguno de los elementos o partículas que los componen. La mente, por supuesto, interactúa con el cuerpo pero no proviene de él. La mente, no puede proceder de la materia física porque no guarda ningún parecido con ella. Si la mente proviniera de cualquiera de los elementos, cada vez que surgiera uno de ellos, daría lugar a una mente nueva. Lo mismo ocurriría si su origen fuese el conjunto de estos elementos: cada vez que se combinaran crearían una mente. Actualmente, la ciencia puede elaborar la combinación precisa de sustancias o elementos para engendrar una vida. Pero, ¿es esta manipulación de la materia la causa principal que da lugar a la vida, en el seno materno o en una probeta? Tampoco: la materia física nunca puede ser la causa principal de la existencia de la mente, en el mejor de los casos, puede actuar como causa secundaria. Sucede a menudo, tanto en parejas como en los laboratorios, que los factores físicos presentan condiciones perfectas y, sin embargo, no se consiguen la procreación.

Así pues, recapitulemos. La causa principal de nuestra mente no puede ser un fenómeno permanente, ni puede ser materia, interna o externa.

Solo nos queda una última posibilidad: la mente proviene de un fenómeno transitorio cuya naturaleza es mental. Aquí tenemos dos opciones: proviene del continuo mental de otro ser, o del tuyo propio. Si la causa principal de tu mente fuese la mente de tu padre, de tu madre, o de la fusión de ambas, tu mente debería ser sustancialmente similar a la de ellos. Pero, es una obviedad que padres no muy inteligentes tienen hijos brillantes, y viceversa; padres atletas engendran hijos torpes, padres revolucionarios crían hijos conservado- res... Esta posibilidad también queda descartada.

Contempla la siguiente alternativa:

*El primer instante de tu mente de esta vida proviene de un instante de mente previo, vinculado, y que por lo tanto pertenece, a tu propio continuo mental.* Parece bastante más coherente pensar que tu mente del presente viene de tu mente del pasado, igual que tu mente actual causará tu mente futura.


3. *La llama de una vela que nos permite encender otra.* El Buda, en muchas ocasiones, enseñaba mediante analogías. Y esta aparece en uno de sus sutras. La llama de una vela parece ser muy efímera, ya que se apaga cuando se consume la cera. Pero no podemos afirmar que sea del todo transitoria, porque con la llama de una vela podemos prender una segunda vela. En esta analogía, la cera representaría nuestro cuerpo. Esta imagen nos liberaría de pensar que quien va de una vida a otra: 1) cesa por completo; 2) no está sujeto a cambios.

# 3

## Actuar en consecuencia

Llegados a este punto, parece apropiado organizar nuestra vida en base a esta premisa: *Si uno recoge lo que siembra,* y admitimos que este hecho no se limita tan solo a este corto espacio de vida, lo natural es despertar interés por proteger la calidad de nuestros actos presentes, ya que influirán en nuestra mente futura, más adelante en esta misma vida, o en próximas existencias. Es así de inevitable: *recogerás lo que hayas sembrado con tus actos, palabras y pensamientos.*

Si no consideramos la continuidad de la consciencia y estamos convencidos de que con la muerte se acaba todo, resulta bastante natural tratar de escapar a toda costa de su recuerdo, porque es el final. Pero, puesto que no es el caso, es mucho más saludable tener la muerte muy presente. Vivir entendiendo que una parte de nuestro ser va a proseguir, le otorga a nuestra existencia un alcance revolucionario.

Una de las barreras más poderosas que nos impiden relacionarnos con la muerte con cierta naturalidad, es la concepción que tenemos de nuestro ser. Mientras sigamos creyendo que el aspecto inmaterial, "espiritual" de nosotros mismos está sujeto a nuestra corporeidad, persistiremos en no desear mirar a la muerte de frente, y por supuesto, careceremos de interés por seguir un sendero de desarrollo interior.

Lo cierto es que, mejor que teorizar y buscar en los libros una respuesta, uno tiene que sentarse y meditar. Solo nuestra propia experiencia y conocimiento interiores pueden enseñarnos que el alcance de la mente va mucho más allá del cuerpo que nos ha tocado en esta vida. Con toda seguridad seguiremos temiendo a la muerte, pero al mismo tiempo emergerá un sentimiento de confianza en nuestro ser más íntimo y en su continuidad. Esta experiencia ampliará nuestra limitada visión de la existencia: en lugar de *solo* pensar en esta vida, tendremos en cuenta las múltiples vidas que vendrán. Puesto que lo que vendrá después de la muerte depende, en última instancia, de nuestra actividad presente, pensar en la muerte nos ayudará a vivir con más conciencia el momento. Es decir, de manera paulatina dejaremos de actuar bajo el supuesto de que nuestros actos, palabras y pensamientos no tienen más repercusiones que las visibles y seremos más consecuentes.

Vasubhandu, filósofo budista de los primeros siglos después de Cristo, en su obra *Abhidharmakosha* decía cosas como:

Sin conocer y aplicar las enseñanzas
Es imposible sosegar las emociones aflictivas
Aquellos que son dominados por sus emociones aflictivas
Siguen vagando en los reinos miserables de la existencia.
Buda mostró el Dharma como antídoto directo
A las emociones que afligen la mente.

En el *Sutra del Guerrero de la Noble Sabiduría*, Buda decía:

La mente es la fuente
De donde nace la sabiduría,

No busques al Buda en
Ningún otro lugar.

Con la filosofía budista no solo aprendemos a tener presente la muerte por cuanto beneficia nuestra actitud ante la vida, sino también porque el propósito final de la persona que sigue un camino interior es llegar a convertirse en un Buda, en un Ser Iluminado. Si este propósito o determinación se arraiga con fuerza en nuestro interior, enfrentar la muerte dejará de ser traumático.

El Tantra budista ofrece una perspectiva del trance de la muerte, cuando menos, atractiva. Propone un método a través del cual el proceso de la propia agonía, el bardo[6] y el renacimiento posterior, se convierten en poderosas herramientas capaces de proporcionar a quien las domina extraordinarias experiencias que puede utilizar para llegar a la Iluminación. El poder que significa controlar tales métodos, elimina el miedo a la muerte.

Según las explicaciones que nos ofrecen los textos tántricos tradicionales, en el momento de dormirnos se reproducen, a pequeña escala, los mismos signos que sucederán en el momento de la muerte, cuya culminación es la experiencia de la mente de Luz Clara. Un pálido destello de esa Luz Clara real que vamos a experimentar al morir, tiene lugar cuando nos dormirnos. El estado onírico en el que se producen nuestros sueños, sería comparable al bardo, donde también se experimentan distintas visiones. El cuerpo del sueño

---

[6] Alude al estado que ocurre entre la muerte y el siguiente renacimiento. Se dice que puede durar un máximo de 49 días.

sería como el cuerpo del bardo. También en éste caso encontramos un referente común en la mitología griega, que consideraba a Hipnos, dios del sueño, el hermano gemelo de Thanatos, dios de la muerte. Despertar del sueño es como renacer: el cuerpo del sueño se desvanece, muere, y aparecemos bajo una forma diferente a la que concebíamos sólo momentos antes mientras estábamos soñando. Mientras soñamos vivimos otra realidad. Esta realidad paralela está influenciada por la vida cotidiana, aunque mientras soñamos no somos conscientes de que la sustancia que crea nuestros sueños proviene de nuestros actos de esta vida y de las pasadas.

Leer y pensar en la propia mortalidad no debería deprimirnos, sino animarnos a poner en práctica los consejos que nos da Atisha en éste verso:

La vida es corta y los objetos de conocimiento, muchos.
Por otra parte, ignoras cuándo morirás.
Sé, por tanto, como un cisne
Hábil para separar la leche del agua.

Este erudito indio del siglo décimo nos da el siguiente consejo: "extrae toda la esencia de tu potencial humano mientras aun sigues vivo. Integrar en tu vida el hábito de la meditación y el estudio del Dharma es el mejor modo de lograrlo". Atisha menciona tres ventajas que la práctica del Dharma proporciona:

1) te aparta de los malos actos
2) te ayuda a atesorar bondad
3) conquistas el control sobre tu mente.

Alcanzar estos tres objetivos debilita nuestro temor a la muerte.

Hay cinco principios generales irrefutables que el Buda nos anima a aceptar y, sobre todo, a penetrar en la magnitud de su alcance:

Todos tendremos que envejecer.
Todos tendremos que enfermar alguna vez.
Todos tendremos que morir.
Todos tendremos que separarnos de lo que amamos.
Todos tendremos que experimentar los resultados de nuestros propios actos, buenos y malos.

La enseñanza de Buda aborda dos grandes objetivos: ayudarnos a vivir sin perjudicar a otros seres vivos y, ahondando en éste principio, tratar incluso de beneficiarles.

El primero de estos dos objetivos mencionados nos conduce a la liberación del samsara o "existencia cíclica". Aunque el término samsara resulte extraño en nuestro ideario, básicamente, se refiere a una existencia salpicada de incertidumbre, inseguridad mental y física, insatisfacción, que nos conduce sin alternativas a envejecer, enfermar, morir, y volver a nacer una vida tras otra. Samsara es un estado en el que las experiencias agradables duran poco. La definición clásica de samsara es: *"morir, pasar por el bardo, renacer, y volver a morir sin control alguno"*.

Si no deseamos seguir atrapados en las redes del samsara, necesitamos despertar un sentimiento de aversión hacia el mismo, y un sincero interés por obtener la Liberación o Nirvana; cuando sumamos estas dos condiciones tenemos lo que se denomina, el espíritu de la renuncia. Uno de los métodos más poderosos para despertar este sentimiento tan necesario es, precisamente, meditar en la muerte.

Puesto que la buena utilización del proceso de la muerte y de la continuidad de la consciencia, dependen de tener una comprensión lo más precisa posible de la naturaleza de nuestra mente, en el siguiente capítulo presento unas explicaciones muy significativas de cómo conseguir este propósito.

# 4

# La mente

Comprender la naturaleza y funciones de la mente nos conduce a un nuevo enfoque de la vida y de la muerte. Es, además, vital para seguir un sendero interior.

He aquí una serie de razonamientos que he extraído de los textos clásicos y de las enseñanzas orales recibidas de mis Maestros tibetanos muy útiles para nuestra propia reflexión.

1. *La mente no es un fenómeno estático y material sino un continuo dinámico e intangible que inicia toda la actividad verbal y corporal. Si se ve influenciada por factores mentales negativos actuará de manera incorrecta, sembrando tendencias negativas que, tarde o temprano, madurarán como experiencias de dolor. Si se ve influenciada por factores virtuosos, en cambio, las tendencias que siembra, así como sus resultados serán virtuosos. Así lo señala el* Dhammapada:

La mente es el precursor de todas las condiciones perversas.
La mente es el agente principal;
y tales condiciones son creadas por la mente.
Si con una mente impura se habla o se actúa,
el dolor le sigue a uno como la rueda a la pezuña del buey.
La mente es el precursor de todas las condiciones virtuosas.
La mente es el agente principal;
y tales condiciones son creadas por la mente.

Si con una mente pura, se habla o actúa,
la felicidad le sigue a uno como la sombra al cuerpo.


2. *La continuidad de la mente no tiene principio ni fin.* Dicha continuidad se manifiesta ahora mostrándonos el presente, pero tiene una larga historia pasada en la que no es posible señalar su primer instante. Y seguirá hacia el futuro. Si la purificas por medio del Dharma se transforma en una mente Iluminada, en caso contrario, te hará vagar indefinidamente en el ciclo de las reencarnaciones o samsara. La posibilidad misma de la Iluminación se ubica en dicha continuidad: es debido al cambio continuo de la mente que su transformación total es posible.


3. *La causa principal que produce el cuerpo son el semen y la sangre de nuestros padres; las causas secundarias que lo mantienen son factores como la respiración, la comida, la bebida y demás. La causa principal de la mente, en cambio, es su continuo previo.* Como ya se ha explicado previamente, la causa sustancial del primer instante de la mente de esta vida es el último instante de la mente de la vida previa. Del mismo modo, la causa sustancial del primer instante de mente, al despertar cada mañana es el último instante mental del estado onírico previo. La causa secundaria de la mente es todo aquello que ayuda a perpetuar su continuidad. Por ejemplo, el poder sensorial visual hace posible que se genere la consciencia visual que observa un coche, el coche en sí hace posible que se despliegue la continuidad de la corriente mental. Para que se manifieste un instante de consciencia, ésta ha de relacionarse con un objeto.

La mente y el cuerpo tienen causas sustanciales diferentes. El cuerpo está compuesto de materia física, la mente es un fenómeno inmaterial. La mente no se puede convertir en materia, y la materia no puede convertirse en mente. No obstante –y debido a su estrecha relación–, la mente afecta el cuerpo y viceversa.

4. *La naturaleza de la mente es reflejar y conocer objetos.* En un sentido es como un espejo, su función principal consiste en reflejar constantemente lo que se coloca ante ella.

5. *La mente es pura en esencia aunque, temporalmente, esté recubierta de emociones aflictivas.* Éstas pueden ser eliminadas porque no son una parte inherente de ella: las experimentamos debido a causas y condiciones específicas y pueden ser eliminadas aplicando los oponentes apropiados.

6. *El desarrollo de la mente no es limitado como el del cuerpo.* El cuerpo cesa y se desintegra al fallecer, pero esto no sucede con la mente. Si el cuerpo y la mente fuesen lo mismo, aquello que desarrollase o mejorase el cuerpo debería también mejorar la mente y viceversa. Comer mucho engorda pero no desarrolla la mente; uno puede haber estudiado muchísimo y tener un gran conocimiento pero esto no mejorará su aspecto físico. Como se ha mencionado, existe una relación entre la cualidad de la mente y la condición física pero esto sólo indica que los dos están relacionados, no que sean lo mismo.

7. *La mente tiene tres niveles: burdo, sutil y muy sutil.* El nivel burdo incluye a las cinco consciencias

sensoriales y la consciencia mental —en la que se encuentran factores como el odio, el apego, la atención, la inteligencia, el amor, la compasión y muchos otros Es un nivel relativamente fácil de identificar ya que lo usamos a diario.

El nivel sutil de la mente es aquel que se activa al dormir y al soñar, este nivel es más difícil de reconocer.

Durante el sueño más profundo, el orgasmo, cuando sufrimos un desvanecimiento, y al final del proceso de la muerte, se despierta el nivel más sutil de la mente, el más difícil de reconocer y el que no tiene principio ni fin: la Luz Clara. Es el tipo de mente que viene de la vida pasada a la presente, y que al final de esta vida continuará en la futura; es también la mente que se iluminará.

Para alcanzar la Iluminación necesitamos un sendero, aunque sea uno tan básico como se describe a continuación.

# 5

## La esencia del sendero

Tras alcanzar la Iluminación, Buda Sakyamuni nos dejó un mapa que seguir para llegar a tener las mismas experiencias que él. Hay muchas maneras de sintetizar su enseñanza. En la escuela tibetana Sakyapa, hallamos un texto muy ilustrativo al respecto, se llama *Separarse de los Cuatro Apegos:*

Abandonar el apego hacia esta vida
Abandonar el apego hacia el samsara
Abandonar el apego hacia los objetivos propios
Abandonar el apego hacia la visión errónea del
aferramiento a lo autoexistente.

6

# Abandonar el apego hacia esta vida

Qué entendemos cuando escuchamos este enunciado, aparentemente tan riguroso? A simple vista parece incidir en la idea que ha hecho tan impopulares a las religiones: "disfrutar de la vida es de personas frívolas; una actitud religiosa exige seriedad y circunspección. Gozar con plenitud de la vida te convierte en una persona poco espiritual".

Abandonar el apego hacia esta vida no significa que debas dejar de lado a tu familia, tus amigos, tus aficiones y, en definitiva, todas aquellas cosas que te agradan. Solo te anima a reconocer los *límites* de todas las cosas por las que luchamos durante toda nuestra vida. No se trata de apartarse de los estímulos para los sentidos que ofrece la vida, sino de comprender su naturaleza transitoria, su incapacidad para satisfacerte, y su potencial para producir dolor.

Si pensamos que el mensaje del budismo es privarnos de disfrutar de cosa divertidas como el sexo, la música, el cine, el teatro, el deporte, o que demoniza a los que están inmersos en el mundo de los negocios tratando de enriquecerse, cometemos un grave error. Solo pretende indicar que debemos ser absolutamente conscientes de que esas cosas a las que les dedicamos nuestra preciosa energía, no pueden proporcionarnos el tipo de felicidad que todos esperamos de ellas cuando nos dejamos la piel en conseguirlas.

¿Por qué no pueden proporcionar la tan ansiada felicidad? Muy simple: porque su naturaleza es transitoria. Es decir, aún en el supuesto de que algo –un objeto, una relación o una posición social– tuviera la virtud de ser duradero, tarde o temprano tú mismo cambiarás y empezarías a perder el interés por aquello que creías el eje central y la finalidad única de tu vida. Lo mismo puede ocurrir con las ideas por las que un día viviste, o la persona con la que pretendías compartir el resto tus días.

Si la continuidad de la consciencia es un hecho, y las huellas que dejan tus actos en éste continuo influirán en tu futuro, parece lógico despertar un interés nuevo en tu mente: esforzarte por algo más duradero y estable. Una persona espiritual es aquella que mira más allá del corto espacio de esta vida. Sakya Pandita (1182–1251) solía decir:

> Esta vida es como a una burbuja de jabón, y el momento en que vendrá la muerte es incierto. En consecuencia, aferrarse a las cosas mundanas es absurdo.

Meditar en la muerte nos ayuda a ver la fragilidad de las cosas de esta vida y a despertar un interés más transcendente.

A lo largo de un día cualquiera encontramos innumerables motivos para alterarnos, sentirnos tristes, angustiados, deprimidos, airados, celosos, resentidos... en definitiva, alterados, sin paz interior. Pero, deberíamos hacernos la siguiente pregunta: "¿Subsistirían estas emociones si tuviésemos una profunda comprensión de nuestra propia mortalidad?"

Meditar en la transitoriedad de la vida y en la propia muerte, transforma nuestras tendencias destructivas y favorece los pensamientos felices, nos libera de las ocho actitudes siguientes:

Sentirte dichoso cuando experimentas felicidad
Sentirte dichoso cuando tienes riqueza
Sentirte dichoso cuando recibes alabanzas
Sentirte dichoso cuando gozas de buena reputación
Sentirte desdichado cuando experimentas sufrimiento
Sentirte desdichado cuando caes en la pobreza
Sentirte desdichado cuando recibes críticas
Sentirte desdichado cuando tienes mala reputación.

Si vivimos sujetos a estas cuatro dualidades, nuestro estado de ánimo será siempre fluctuante Que nuestra felicidad dependa de tener o carecer de algo es sinónimo de incertidumbre e inseguridad. Emociones aflictivas como el orgullo, la envidia, la competitividad y tantas otras, se van alternando en la mente según las circunstancias con las que nos vamos encontrando. En una mente inestable no hay espacio para la felicidad duradera. Convencidos de que la felicidad depende de que se den los cuatro escenarios positivos, tenemos una mente débil y presa fácil de la vacilación, porque las cuatro situaciones negativas suelen aparecer muy a menudo. Una persona realmente feliz es aquella capaz de vivir libre de las cuatro dualidades.

Además, sin el peso de estas ocho actitudes completamente agotadoras encontramos la energía necesaria para practicar Dharma. Si has practicado durante mucho tiempo y no ves cambios notorios en tu vida, no vayas a tu Maestro o Lama a quejarte: será que no habrás meditado lo suficiente en la muerte, no habrás penetrado en el vasto alcance de su significado. El objetivo final de meditar en la muerte es conseguir una mente inalterable y feliz, cuyo bienestar no dependa de los sucesos externos: es la puerta de entrada a la serenidad y el equilibrio.

Una enseñanza muy profunda que extraemos de la meditación en la muerte es saber a ciencia cierta que no poseemos nada de lo que creemos poseer, empezando por el propio cuerpo, nuestros amigos, familia y bienes: todas estas cosas están a nuestra disposición temporalmente.

# 7
# Abandonar el apego hacía el samsara

<sub></sub>

Sakya Pandita decía:

> El samsara es como una planta venenosa:
> Aunque nos cautiva con su belleza,
> tiene el poder de destruirnos.
> Quien se aferra al samsara se engaña a sí mismo.

¿Por qué abandonar el apego al samsara? Porque cuanto más te aferras a las maravillas de la existencia cíclica, más te alejas de la felicidad. Perdemos tiempo y energía buscando algo que no encontraremos. En la historia del príncipe Sidharta, quien más tarde se convertiría en Buda Sakyamuni, se ejemplifica éste hecho utilizando el concepto del "palacio" del que huye para buscar su propia liberación. En ese palacio había experimentado todos los placeres posibles, pero estos nunca pudieron saciar su vacío interior. El príncipe llegó a darse cuenta de que la naturaleza de las maravillas del samsara (contenidas en su palacio) no era otra que la de producir insatisfacción. Era como beber agua salada. Darnos cuenta de esta verdad es experimentar la renuncia. La renuncia es un estado mental que ha dejado de creer que beber agua salada puede llegar a saciar la sed.

En cierto sentido, podríamos afirmar que nuestra vida es un intento, constante y obstinado, por tratar de convencernos a nosotros mismos de que el agua salada es dulce.

En el capítulo anterior abordábamos las limitaciones de las cosas en general, ahora profundizamos un poco más hasta ver que *tampoco* las cosas aparentemente buenas pueden proporcionarnos la felicidad que buscamos. ¿Por qué? Porque las emociones aflictivas son incompatibles con la paz interior. El primer paso, pues, es dejar de insistir en la idea de que algún día, gracias a tu buena estrella, encontrarás por fin la felicidad y bienestar ansiados sin tener que desprenderte de dichas emociones. Esta idea equivocada debe convertirse en el objeto de nuestra renuncia. Mientras sigamos creyendo que los placeres de la vida son la única fuente posible de felicidad, no quedará espacio en la mente para dedicarlo a la búsqueda de esa otra felicidad, la que no cambia, la que no nos traiciona, la que no obedece a caprichos del destino: la paz del Nirvana.

Se trata de entender que la felicidad empieza cuando disfrutas plenamente de aquellas cosas que te gustan, pero sin exagerar su valor, sin confundir su naturaleza. Y, en este sentido, "abandonar el samsara" es abandonar las falsas expectativas que proyectamos sobre la realidad.

De nuevo, ser conscientes de la propia mortalidad nos acerca a la verdadera renuncia, nos hace ver la naturaleza insatisfactoria de las cosas.

## 8

## Abandonar el apego
## por los objetivos propios

Pensar solo en uno mismo, dedicar toda la energía a obtener felicidad personal sin tener en cuenta la de los demás, nos aleja definitivamente de la posibilidad de la Iluminación. Sakya Pandita era muy claro al respecto:

Aferrarte solo a tus objetivos, es como nutrir al hijo de tu enemigo. Aunque, en principio, él podría mostrarte afecto, con el tiempo traerá tu ruina.

Para mucha gente, anteponer los intereses propios a los de los demás es un modo inteligente de vivir la vida, defendiendo solo lo tuyo te aseguras una posición, un status... aparentemente es una actitud válida. Pero a la larga reporta muchas desventajas, porque el egoísmo es, precisamente, el motor que impulsa nuestra actividad negativa y nos hace almacenar una carga kármica muy pesada.

Meditar en la muerte te pone en contacto con la verdadera naturaleza del cuerpo, con la que será la última experiencia de esta vida. Si utilizas bien esta meditación, llegarás a despertar un sentimiento de empatía que abarcará a todos los seres. La compasión y el amor contrarrestan el egoísmo, y puesto que el egoísmo es una de las causas principales del dolor, podemos afirmar categóricamente que meditar en la muerte es causa de felicidad.

9

# Abandonar el apego a la visión errónea del aferramiento a lo autoexistente

La verdadera raíz del samsara es el así llamado: *aferramiento innato a lo autoexistente* . Este concepto, del que no somos en absoluto conscientes, nos acompaña a lo largo de toda nuestra vida y más allá. Es un tipo de ignorancia congénita, con la que ya nacemos y que nos hace aferrarnos a la existencia de una entidad sólida, tanto en la persona como en los fenómenos. Es la convicción instintiva de que las cosas existen de un modo independiente. Aunque los grados de aferramiento a la autoexistencia pueden ser varios, un ejemplo simple bastará para entender de que modo nos afecta: "Mi amigo Pedro es muy buena persona, todos los que le conocen bien deben darse cuenta. Si no, es que están equivocados".

De algún modo, estás convencido de que todo el mundo ha de percibir la misma realidad que tú. Cuando razonas sobre ello, entiendes que pueden haber pequeños matices, pero, en lo fundamental crees que *tu* visión del mundo y de las cosas es la correcta. Quizá te expreses utilizando tópicos como "cada persona es un mundo" o "todo depende del color del cristal con que se mira", pero hay algo innato en ti que te hace experimentar una realidad engañosa porque estas convencido de que tu visión es válida. Es como lo que coloquialmente, aparentando una sabiduría de la que adolecemos, solemos decir respecto a la muerte: "ya se sabe: es ley de vida", "a todos nos llegará la hora", "no podemos vivir eternamente"... pero son solo frases hechas, en realidad vivimos como si no fuéramos a morirnos nunca. Esa certeza de la muerte a la que aludimos nos es una vivencia experiencial, solo se queda en la superficialidad de las palabras vacías.

Vivir aferrados a la idea de la autoexistencia de los fenómenos y de la persona, sin tener en cuenta que todo en nuestro mundo depende de causas y condiciones, constituye un profundo engaño que, en última instancia, nos aleja de experimentar la naturaleza última de la realidad. Nos aleja de experimentar la vacuidad y el Nirvana. Sakya Pandita solía hablar así:

Aferrarse a las cosas creyendo que son autoexistentes
es como aferrarse a un espejismo, creyendo que es agua.
Aunque parece agua, no la puedes beber.

Meditar en la muerte siguiendo los pasos adecuados, fieles a un método que ha sido contrastado por otros meditadores antes que nosotros, deja en evidencia una certeza: si no cortamos con la ignorancia raíz, seguiremos renaciendo, viviendo y muriendo sin ningún tipo de control. Esta revelación despertará en nosotros el sincero interés por descubrir la verdadera naturaleza de la vacuidad y salir de este ciclo. Por tanto, meditar en la muerte es básico, no tan solo para gozar de una mente más estable y feliz en esta vida, sino como fundamento de nuestra liberación futura.

# 10

## La muerte

Nuestra vida está influenciada por el karma pasado ya que, cuando alguna de las muchas semillas kármicas que hemos sembrado en nuestro continuo mental topa con las causas propicias, se produce un resultado: una experiencia agradable, desagradable o neutra. La acción o karma es la *semilla* que se deposita en el campo de la consciencia. Las emociones aflictivas son como *el agua y el calor* que la hacen florecer. El resultado de las emociones aflictivas y el karma es seguir renaciendo en el samsara, perpetuando así el ciclo de la existencia. Después de la muerte, el ser pasa por un estado intermedio llamado *bardo* y, seguidamente, vuelve a renacer. Una célebre cita kadampa reza así:

> Si quieres ver tu pasado, observa tu cuerpo y
> si quieres ver tu futuro, observa tu mente.

Si observamos con sinceridad nuestra mente actual sabremos qué tipo de futuro nos aguarda. Y si observamos nuestro cuerpo, podremos deducir nuestros actos del pasado. Un cuerpo sano, con fácil acceso a comida y vivienda, que habita en un lugar libre de padecer guerras u otras calamidades, es el resultado de actos positivos previos.

Aunque ya hemos visto morir a algunos de nuestros familiares, hemos perdido amigos, y un montón de desconocidos mueren a nuestro alrededor cada día, seguimos aferrados tozudamente al pensamiento: "seguro que *hoy* no moriré". Este arraigado concepto nos acompaña hasta el mismísimo día de nuestro tránsito y constituye el mayor obstáculo para empezar una práctica sincera de Dharma.

Meditar en la muerte contrarresta este equívoco, motivo por el cual es una práctica habitual en los monasterios budistas. No obstante, no nos confundamos. No significa que los budistas renieguen de la buena vida: *Meditan en la muerte para eliminar las fantasías de su mente; es su modo de tener los pies sobre el suelo.* Uno de los primeros libros del más famoso aprendiz de chamán, Carlos Castaneda, aconsejaba tener a la muerte a un lado en todo momento para pedirle consejo. Una actitud similar es la que tienen los monjes budistas. Los practicantes tántricos meditan a diario en la muerte haciendo una "representación teatral", por decirlo de algún modo, de su propio proceso de la muerte. Se acostumbran a lo que vendrá tarde o temprano.

En los textos de *Lam Rim*, Lama Tsong Khapa dejó un gran legado de consejos con respecto a la meditación sobre la muerte y dividía esta práctica en tres secciones:

Considerar las desventajas de olvidar nuestra mortalidad.
Considerar los beneficios de tener presente nuestra mortalidad.
Meditar en la muerte.

11

# Considerar las desventajas de olvidar nuestra mortalidad

A continuación vienen seis reflexiones sobre las desventajas de no pensar en la muerte.

1. *Olvidaremos fácilmente el Dharma.* Sin tener presente la muerte, no tendremos el deseo ni la necesidad de poner en práctica lo único que de verdad nos sirve a la hora de enfrentarnos a ella: el Dharma. Aunque recibamos enseñanzas de grandes Maestros, no llegaremos a ponerlas en práctica si *solo* estamos preocupados por las cosas de esta vida. La obsesión por las cosas de esta vida es muy fuerte, y quiebra nuestra voluntad; nos hace olvidar la necesidad de practicar y nos obliga a implicarnos en actividades que no reportan mucho beneficio, más allá del inmediato.

Vivimos con un defecto interior muy persistente que consiste en *creer que vamos a permanecer en este mundo mucho tiempo.* Se conoce como "aferramiento a la permanencia". Solo tener a la muerte presente lo elimina. Vivir sabiendo que somos como un viajero que va de una vida a otra, reduce nuestras emociones aflictivas.

2. *Aunque no olvidemos el Dharma, no llegaremos a ponerlo en práctica.* Si nos olvidamos de la muerte seguiremos viviendo según la premisa: "empezaré en

serio a practicar Dharma cuando termine este trabajo que me ocupa ahora". Total, seguro que no me moriré de momento. Mi muerte aún está lejos". No tendremos en cuenta que la vida suele interrumpirse antes de haber terminado nuestras obligaciones y conseguido nuestros planes. Las tareas mundanas no tienen fin, y no se interrumpirán por ellas mismas para darnos tiempo a meditar. Shantideva decía en su *Guía* :

> Cuando aún no se ha empezado la tarea, cuando se está realizando o cuando está casi terminada, el Señor de la Muerte puede aparecer de repente y sin avisar. Entonces exclamaré ¡Oh, ahora es mi turno!
>
> (cap VII. 8)

3. *Aunque no olvidemos el Dharma y lo pongamos en práctica, no lo haremos con pureza.* Sin pensar en la muerte, la práctica no será lo suficientemente pura. ¿Qué deberíamos entender por práctica pura? Es la que desarrollamos a partir de haber superado el apego por esta vida, a partir de haber escapado de la esclavitud a que nos someten las ocho actitudes mundanas descritas en la página 35.

4. *Aunque no olvidemos el Dharma y lo pongamos en práctica de forma pura, no perseveraremos en la práctica.* Quizá logremos pensar en el Dharma, incluso practicarlo con pureza, pero si nos olvidamos de la propia mortalidad, nuestra práctica será inconstante: practicaremos dos días y lo dejaremos, para volver a empezar y volver a dejarlo. La pereza se abrirá paso en la mente y decidirá por nosotros. Seremos esclavos de nuestra pereza. Recordar la muerte es el antídoto a la pereza.

Atrapado por el yugo de las emociones aflictivas he caído
en el cepo del nacimiento ¿por qué no me doy cuenta
de que vivo dentro de la boca del Señor de la Muerte?

(cap. VII. 4)

Nuestra actitud es la siguiente: "Ah, esto del Dharma y la meditación es todo un descubrimiento, realmente interesante. Voy a dedicarle energía". Pasado un tiempo, si no vemos resultados, pensamos: "Bueno, tampoco era para tanto. De momento los resultados no son muy tangibles, lo voy a dejar por un tiempo, a ver que pasa". Es muy difícil saber cuándo vendrán los resultados de nuestra práctica; pueden llegar de repente o de modo gradual, después de mucho esfuerzo o después de un esfuerzo menor... La manera correcta de practicar es la siguiente: "No importa cuando venga el resultado; voy a seguir practicando hasta lograr el objetivo final, sea en esta vida o en las futuras". Una vez más, Shantideva nos anima con estas palabras:

Si aplican el debido esfuerzo, incluso las moscas, los mosquitos,
las abejas y otros insectos obtendrán la insuperable Iluminación.

Por tanto, si no dejo de lado la forma de vida del Bodhisatva
¿por qué un ser humano como yo que distingue entre lo que es
es perjudicial y beneficioso no debería obtener el Despertar?

(cap. VII 18-19)

5. Seguiremos cometiendo acciones negativas. Sin tener presente a la muerte, olvidaremos que todos nuestros actos reportan resultados, en muchas ocasiones después de la muerte, en las vidas siguientes. Y no habrá freno a los actos negativos.

6. *Moriremos llenos de remordimientos.* Cuando llega la muerte nada excepto el Dharma puede ayudarnos, sentimos miedo, angustia y remordimientos. Aunque puede que ya sea demasiado tarde. Dedicamos toda nuestra energía a actividades que no pueden ayudarnos en el momento de la muerte y dejamos de lado lo único que que sí podría hacerlo. Sócrates venía a decir más o menos lo mismo en el *Fedón*:

La filosofía ha de servir para enfrentarse a la muerte.

Los maestros kadampa del pasado decían que no sirve de nada sentir miedo cuando llega la muerte, es mejor temerla en la juventud y en la edad adulta, pues así nos podemos preparar para afrontarla. La mayoría hacemos lo contrario. De jóvenes no pensamos en la muerte, actuamos sin tener muy en cuenta el karma, y cuando viene la muerte, nos asaltan el miedo y el remordimiento. Si tememos a la muerte cuando aun estamos a tiempo, aprovecharemos mejor el tiempo y tendremos en cuenta la infalibilidad del karma. La *Guía de Shantideva* nos aconseja lo siguiente:

Confíate en la barca del cuerpo humano
y cruza el gran río de dolor.
Es muy difícil volver a encontrarlo,
entonces ¡no debes dormirte ahora, estúpido!

# 12

# Considerar las ventajas de no olvidar nuestra mortalidad

Es esencial reflexionar una y otra vez en las ventajas de tener presente nuestra muerte. Por extraño que parezca dichas ventajas nos ayudarán a vivir mejor en esta vida.

1. *Practicaremos con sinceridad y esfuerzo.* En un Sutra, el Buda señaló:

Si observamos las pisadas que van dejando los animales sobre la tierra húmeda, vemos que las más profundas son las del elefante. De forma similar, todas las meditaciones que hagamos producirán sus efectos, pero la que dejará mayor huella en nuestra mente será la meditación de la muerte.

En este sentido vale la pena recordar el consejo de Epicteto (55 D.C), Maestro de Marco Aurelio:

En lugar de apartar la vista de los acontecimientos dolorosos de la vida, míralos de frente y piensa en ellos a menudo. Al hacer frente a las realidades de la muerte, la enfermedad, la pérdida y la decepción, te liberas de falsas ilusiones y esperanzas, al tiempo que evitas pensamientos desdichados y envidiosos.

2. *Nuestra práctica de Dharma será poderosa y pura.* Las escrituras dicen que meditar en la muerte

es como utilizar un mazo para destrozar las emociones aflictivas. Actuará igual que una explosión nuclear destruyendo nuestras faltas y contrarrestando nuestro desproporcionado interés por las actividades triviales. Un viejo Maestro kadampa decía:

> Mi verdadera meditación sobre el Camino Medio es contemplar la muerte y la impermanencia.
> Todas las buenas cualidades surgen de integrar ambas, gracias a las dos, mi práctica es pura.

3. *Es importante al inicio de nuestra práctica.* Meditar en la muerte despierta el deseo de formarnos en el Dharma. Grandes yoguis del pasado empezaron su intensa y sincera práctica tras ser testigos de la muerte de algún ser querido.

4. *Es importante en la mitad de nuestra práctica.* Si hemos empezado a practicar el Dharma, meditar en la muerte nos mantiene vivo nuestro interés en seguir todas las etapas hasta llegar a la Iluminación. El sendero del Dharma no es fácil, hay muchos obstáculos que nos apartarán de él y tener una fuerte conciencia de nuestra fragilidad nos hace superarlos a todos.

5. *Es importante para lograr la meta final.* Meditar en la muerte nos asegura no abandonar nuestro adiestramiento hasta alcanzar la Iluminación.

6. *Morirás con una mente pacífica y feliz.* La idea es recordar la muerte para que practiques intensamente, superando así todo temor a la muerte. Milarepa lo dijo en uno de sus versos:

Corrí hacia las montañas por temor a la muerte.
Experimenté el vacío de la mente primordial.
Si la muerte me ataca ahora, no sucumbiré a la ansiedad.

# 13

# Meditar en la muerte

Lama Tsong Khapa reunió la esencia de todas las enseñanzas del Buda sobre la muerte, y las presentó en su *Lam Rim Chenmo* bajo este enunciado: *Las tres raíces, las nueve razones y las tres determinaciones.*

Las *tres raíces* son las siguientes:

Nuestra muerte es definitiva
El momento de la muerte es incierto
En el momento de la muerte solo el Dharma
nos puede ayudar

En cuanto a *las nueve razones*, tenemos tres para darnos cuenta y convencernos de cada raíz:

Tres razones para convencernos de que la muerte es definitiva.
Tres razones para convencernos de que el momento de la muerte es incierto.
Tres razones para convencernos de que, tanto en el momento de la muerte como después, sólo la práctica del Dharma nos puede ayudar.

Seguramente nos preguntaremos: "Bueno, a qué vienen todas estas explicaciones... ya sé que voy a morir". No obstante, a pesar de que lo sabemos, vivimos dando por sentado que esto no sucederá ni hoy ni mañana. Suponemos que nuestra vida seguirá largo tiempo.

Si Lama Tsong Khapa y otros grandes meditadores nos aconsejan esta meditación es para convertir el conocimiento superficial que tenemos de la muerte, en la profunda convicción de que puede suceder hoy mismo. Esta aserción nos hará actuar conforme a este hecho y practicaremos el Dharma de modo correcto. El objetivo de meditar en estas nueve razones es despertar *las tres determinaciones* siguientes:

Voy a practicar Dharma.
Voy a practicar Dharma desde este mismo momento.
Voy a practicar Dharma con sinceridad.

# 14

# La muerte es definitiva

El objetivo de presentar las ideas que se exponen a continuación no es describir una obviedad que ya todos conocemos, sino convencernos de que el alcance de su utilidad solo lo descubriremos a través de la práctica meditativa.

PRIMERA RAÍZ: La Muerte Es Definitiva

TRES RAZONES

## 1. Nada puede impedir la muerte.

Nada ni nadie puede impedir la muerte. Como bien sabes, les ha llegado a grandes personajes de la historia: Alejandro Magno, Platón, Julio César, Constantino, Jesús, Buda, Confucio, artistas, poetas, historiadores, científicos, intelectuales y analfabetos. Ricos y pobres. Reyes y súbditos. Presidentes y ciudadanos de a pie.

La muerte no hace concesiones, ni se aviene a favores, no podrás sobornarla de ninguna manera para que no te alcance. Buda dijo que cuando llega la muerte es como una montaña inmensa que se derrumba por sus cuatro costados. Una destrucción de tal magnitud es imposible de evitar.

La vejez llega a hurtadillas. De repente te miras en el espejo y exclamas: "caramba, qué me ha pasado". Es un proceso imparable. Sócrates se refería a la juventud como a un tirano de breve reinado.

No existe un lugar dónde esconderse de la muerte, ni elixir que nos salve de ella.

2. *La duración de mi vida no puede aumentar, al contrario, mengua irremediablemente.*

El espacio de una vida decrece: en el instante mismo de la concepción ya echamos a andar hacia la muerte; el proceso es imparable y nunca se detiene. Mientras comemos, dormimos, trabajamos, disfrutamos, estamos acercándonos a nuestro destino final. El séptimo Dalai Lama decía:

> Nos acercamos velozmente a los brazos del Señor de
> la Muerte, como un corredor de fondo que no detiene
> su marcha.

Imagina el tictac de un reloj, cada segundo que pasa señala indefectiblemente que estás un instante más cerca del abrazo final del Señor de la Muerte; es un segundo menos que te queda de vida. Otra imagen que puedes usar en tu meditación es la del condenado a muerte al que llevan al paredón: cada paso que da le acerca más cerca de su destino fatal.

3. *La muerte va a llegar sin esperar a que haya tenido tiempo de practicar Dharma.*

Aunque la vida pude ser muy corta, consumimos una gran parte de la misma engañándonos a nosotros mismos: vivimos la ficción de pensar que será larga y que tendremos tiempo de sobra para dedicarnos al Dharma.

Pero cuando nos detenemos a pensar en ello desde la sinceridad, queda patente que los días pasan volando y aún no hemos empezado una práctica sincera. Al verano le sigue el otoño, después llega el invierno, y sin darnos cuenta ya estamos de nuevo en primavera, a las puertas de un nuevo verano. Así van pasando los años, se suceden uno tras otro sin darnos tregua. El gran Gueshe Kadampa, Guntang Jampelyang, dijo al final de su vida:

Pasé mis primeros veinte años sin ningún deseo por practicar Dharma. Otros veinte los pasé pensando que empezaría a hacerlo más tarde. Los veinte últimos he estado absorto en un sentimiento de arrepentimiento por no haber empezado a practicar Dharma desde más joven Esta es la triste historia de mi vacía existencia humana.

El objetivo de recapacitar y meditar sobre estos puntos es llegar a despertar la determinación siguiente: *voy a practicar Dharma*. Y, una vez logrado, nos concentramos en este deseo hasta que sea un pensamiento habitual, completamente integrado nuestra psique. Procuramos fundirnos con este nuevo pensamiento con atención y vigilancia. Atención para que se mantenga vivo, y vigilancia para recuperarlo si se pierde. También será gracias a la atención que ajustaremos la mente para que no la afecten los obstáculos internos que la alejan de dicho pensamiento positivo.

# 15

# El momento de la muerte es incierto

Según la transmisión oral, de las tres raíces la segunda es la más potente y, en consecuencia, le debemos dedicar más tiempo.

SEGUNDA RAÍZ: *El Momento de la Muerte es Incierto*

TRES RAZONES

1. *El espacio de vida no es fijo.*

Nos pasamos la vida engañándonos con pensamientos como este: "todavía soy joven, la muerte esta muy lejos para mí". Pero, esta es una suposición completamente falsa, observemos sino la cantidad de personas jóvenes que mueren a nuestro alrededor antes que sus mayores.

Intentamos convencernos con estas palabras: "Ahora disfruto de buena salud, ¿quién piensa en morir". Pero, también vemos a personas sanas que mueren antes que personas enfermas. Todos sabemos de alguien que por la mañana estaba vivito y coleando, y por la noche yacía en el cementerio. Algunos mueren comiendo, atragantados con la comida (como la célebre Mama Cash). Otros mueren antes de nacer, y muchos otros, justo después de haber nacido.

Estamos convencidos de que seremos un caso de los que pronostica el Instituto Nacional de Estadística, y que agotaremos hasta el último de los 75 años que determina el promedio normal de vida. Pero olvidamos un detalle: para obtener dicho promedio, muchos habrán fallecido a los 80, pero muchos otros a los 40.

La muerte no avisa, se presenta en cualquier momento y casi siempre ataca por sorpresa. Tu muerte es segura y, en consecuencia, el espacio de vida que te queda es impreciso.

*2. Muchas condiciones nos conducen hacia la muerte y pocas a la supervivencia.*

Nuestro espacio de vida es incierto y las condiciones que pueden producirnos la muerte son muchas. En realidad, los textos clásicos budistas hablan de ochenta y cuatro mil condiciones negativas. Las causas medio ambientales son, en ocasiones, responsables de miles de muertes. Pero los elementos externos –tierra, agua, fuego y aire– también están representados en nuestro organismo y pueden matarnos cuando se desequilibran. Dicen los textos antiguos que los elementos internos son como serpientes de la misma especie cohabitando en armonía, pero que si se pierde dicha estabilidad, una de ellas adquiere mayor fuerza sobre las demás y acaba destruyendo a las otras tres.

Incluso las cosas aparentemente más inofensivas pueden causar la muerte. Pensemos en ello, tomémonos un tiempo para recordar cuantos ejemplos conocemos de muertes que se han producido en circunstancias completamente ridículas. Una puerta de cristal que se cierra con fuerza puede degollarte, un golpe de aire puede empujarte al vacío, tu pañuelo de cuello puede quedar atrapado entre los radios de una rueda, un alimento que has ingerido puede encontrarse en mal estado, la espina de un delicioso pescado puede clavarse en tu garganta, una medicina que ingieres para estar más sano puede producir una reacción adversa. En definitiva, en cualquier momento puede pasar algo inesperado que acabe con tu vida. Nagaryuna en su *Guirnalda de Joyas* señala:

> Las causas de la muerte son muchas
> Las que sostienen la vida son pocas
> Y estas últimas pueden traer la muerte también;
> En consecuencia, practica siempre el Dharma.

## 3. *El cuerpo humano es muy frágil*

Nagaryuna solía decir que nuestra fuerza vital es como una llama en medio de la corriente, expuesta al viento de la muerte que sopla desde todas las direcciones.

El cuerpo es frágil. Nagaryuna lo comparaba a una burbuja en el agua. A la inspiración le sigue una expiración, pero si no volvemos a inspirar, estamos muertos. También decía que cada mañana, al despertar, se producía el mayor de los milagros: comprobar que seguimos respirando.

La tradición tibetana aconseja meditar en estos tres puntos hasta llegar a la determinación: *voy a practicar dharma inmediatamente.*

# 16

# En el momento de la muerte solo el dharma puede ayudar

**T**ERCERA RAÍZ: *En El Momento de la Muerte Solo el Dharma Puede Ayudar.*

## TRES RAZONES

1. *La Riqueza no puede ayudarte.*

Nuestro dinero no puede comprar más tiempo de vida, tampoco nos podemos llevar con nosotros ni un céntimo. Un sutra señala que ni la comida acumulada en cien años saciaría el hambre que vendrá después de la muerte. Y la ropa que usarías en cien años no evitará que te vayas desnudo. Pabongka Rimpoché en su *Liberación en la palma de la mano* señala que en una ocasión un hombre estaba esculpiendo una gran piedra, tratando de darle forma cuadrada. Alguien le preguntó qué iba a hacer con ella. Y el hombre respondió: "Nada, después la tiraré". En cierto sentido, decía Pabongka, así es nuestra vida: constantemente implicados en la adquisición de patrimonio y bienes que tendremos que abandonar sin remedio.

2. *Los amigos y familiares no pueden ayudarte.*

Nadie puede echarnos un capote en el momento de la muerte. Uno debe afrontar la muerte completamente solo. Los amigos y familiares sólo pueden ser testigos impotentes de este hecho. Lo único que te puede ayudar es tu propia reserva de energía positiva y sabiduría. La fuerza de tus buenos actos, el amor, la compasión y la sabiduría te acompañarán en tu viaje hacia el futuro, siendo tu protector y tu guía. Shantideva nos previene con estas palabras:

> Cuando sea atrapado por los mensajeros de la muerte
> ¿de qué me servirá tener a mi familia alrededor del lecho?
> Sólo mi mérito me ayudará entonces, aunque nunca lo creí.
>
> ¿Oh Protectores! fijaros en mí que, despreocupado e
> inconsciente de un terror como el que me aguarda,
> he acumulado una inmensa cantidad de energía negativa
> solo para beneficio de esta vida transitoria.
>
> (cap II, 41–42).

## 3. *Tu cuerpo no puede ayudarte.*

En el momento de la muerte tendrás que desprenderte de tu cuerpo. A pesar de toda la energía que le has dedicado para protegerle del frío, la sed, el hambre y proporcionarle todo tipo de comodidades, ahora, cuando más lo necesitas, te deja en la estacada.

Panchen Losang Choky Gyeltsen decía que justo cuando más necesitamos este cuerpo estimado, nos traiciona. En este sentido Gungtang Tenpe Dronme señala en su *Consejo para Meditar en la Impermanencia.*

> El Dharma es el mapa para aquellos que desconocen el
> Camino;

El Dharma es la provisión para un largo viaje;
El Dharma es el guía para una travesía peligrosa;
En consecuencia, de ahora en adelante,
concentra tus tres puertas en el Dharma.

Panchen Losang Chokyi Gyeltsen, en su *Súplica para liberarse de la senda traicionera del estado intermedio* (entre una vida y el siguiente nacimiento) dice que:

Cuando el médico desiste y los rituales ya no sirven
de ayuda.
Cuando mi familia ha perdido toda esperanza de
mantenerme con vida,
Cuando haya agotado todos los recursos en que apoyarme.
Por favor, Santo Guru, bendíceme para que recuerde tus
instrucciones.

Es preciso meditar en la certeza de estos tres últimos razonamientos para transformar la mente en el deseo de *practicar dharma inmediatamente y de modo correcto.*

17

# Presentación de los elementos que mueren y trascienden

Para entender las experiencias por las que pasaremos durante el proceso de la muerte y saber por qué se producen, es importante conocer nuestra constitución, tanto física como psíquica. La explicación que sigue está basada en textos tántricos. Un yogui tántrico utiliza el proceso de la muerte en su sadhana[7] para despertar poderosos estados mentales que le ayudan a tener una experiencia directa de la vacuidad. Esta es la clave para transformar la muerte, el bardo y el renacimiento en el camino a la Iluminación.

El ser humano consta de seis sustancias que se pueden presentar de dos maneras:

Elemento tierra
Elemento agua
Elemento fuego
Elemento aire
Los canales (que conforman nuestro cuerpo sutil)
Las gotas (que fluyen por el interior de los canales)

---

[7] Sadhana es un "metodo para alcanzar un objetivo", en este caso la Iluminación. En el contexto tántrico una sadhana está vinculada a un yidam o deidad personal, representación de la mente Iluminada y ayuda inestimable para que aprendas a identificarte con tu propia mente pura y así puedas llegar rápidamente a tu Iluminación.

La segunda división consta de tres componentes que proceden de nuestro padre y tres más que procedente nuestra madre:

Elementos que proceden del padre:

Hueso
Tuétano
Semen

Elementos que provienen de nuestra madre:

Sangre
Piel
Carne

Algunos pensarán que hacer una disección del cuerpo en base a los cuatro elementos es una teoría que ya está superada, pues era la explicación que iniciaron los antiguos griegos de la mano de Empédocles. No obstante, sea o no un método anticuado, es útil para el fin que pretende y que aquí nos ocupa: comprender el proceso de la muerte.

El elemento tierra se refiere a la energía que está detrás de todos los aspectos sólidos de nuestro cuerpo; el elemento agua, es responsable de los elementos líquidos del cuerpo, el elemento fuego, de las diferentes temperaturas internas que experimenta nuestro cuerpo; y el elemento aire, concierne a la respiración, y a aquel movimiento sutil que activa la circulación de la sangre, etc..., es decir los aires sutiles o pranas.

Nuestros padres nos proporcionan la base física que constituye nuestro cuerpo, pero no crean nuestra mente, ya que ésta es inmaterial. No podemos negar la influencia de los padres en nuestros hábitos, pensamientos, ideas y costumbres, pero todos ellos, no lo olvidemos, se hallan en el nivel burdo de mente.

Todo ser humano posee un cuerpo burdo que podemos ver y tocar. El cuerpo es uno de los cinco agregados de los que consta la persona y que paso a describir a continuación.

*El agregado de la forma.* No se refiere únicamente a nuestro cuerpo físico, sino a todos los objetos que vemos, oímos, tocamos, olemos, saboreamos. Incluye los cinco poderes sensoriales físicos que hacen posible que se genere la consciencia visual, auditiva, gustativa, olfativa y del tacto.

*El agregado de la sensación.* Son todas las sensaciones, físicas y mentales, agradables, desagradables y neutras, que surgen de ver, oír, saborear, tocar, oler y pensar.

*El agregado del discernimiento.* Es el que nos permite clasificar y discernir la realidad.

*El agregado de los factores composicionales.* Incluye factores mentales negativos como el odio, la ira, la envidia y demás; positivos como el amor, la compasión o la fe; y factores variables como el dormir (la mente del sueño) y otro tipo de conceptos como "yo", "tiempo", "año", "mes", etc. Por cierto, según la filosofía budista los términos "yo" y "persona" son sinónimos. El "yo" es "todo lo que se imputa sobre los agregados de que consta el ser". Todo ser consciente tiene su propio concepto del "yo", sea hombre, mujer, animal, incluso un Buda. El yo *depende* de muchos factores, no tiene una existencia propia, no existe por sí mismo. Sin embargo, esto no significa que este yo *no exista*, o que no puedas afirmar categóricamente "yo estoy leyendo un libro", "yo soy abogado", "yo soy informático", "yo soy barrendero", "yo me siento bien", "yo me siento mal". Lo que se pone en tela de juicio es el tipo de existencia que le conferimos de forma innata a dicho yo. A un nivel práctico, comprender que nuestro yo es vacío o que carece de una existencia inherente, ayuda a erradicar sentimientos como el apego y el odio, de modo que nuestros actos dejarán de estar impulsados por emociones aflictivas. Cuando comprendemos que todos los fenómenos carecen de existencia propia, ningún objeto nos parecerá "tan exageradamente atractivo" o "tan exageradamente desagradable" que nos impulse a actuar erróneamente para conseguir estar cerca o separados del mismo, según sea el caso. Nuestra relación con el entorno, objetos y personas, será equilibrada, racional y libre de emociones aflictivas.

El *agregado de la consciencia*. Está formado por las cinco consciencias sensoriales: visual, auditiva, gustativa, olfativa y del tacto, y por la consciencia mental.

Pero la persona está compuesta también por un cuerpo sutil, formado por una red de canales de energía en cuyo interior circulan un aire muy leve, y las gotas (que se describirán más adelante).

A un nivel todavía más profundo, hallamos una expresión aún más sutil de nuestro cuerpo: es el, así llamado, cuerpo muy sutil. Su sustancia es un aire o prana extremadamente liviano y etéreo. Este aire tan sutil, que es nuestra propia esencia, está vinculado a la mente de la Luz Clara, y la unión de ambos forman lo que, en lenguaje tántrico, se denomina *el cuerpo y la mente residentes*, inalterables vida tras vida. Es el nivel de mente que va de una vida a otra, el que se va a iluminar y el que, mientras no lleguemos a este estado, seguirá vagando en el ciclo de las existencias o samsara.

La red de canales a la que hacíamos alusión al describir el cuerpo sutil, está constituida por setenta y dos mil canales. Tres de ellos son muy importantes: el canal central recorre el cuerpo desde la coronilla hasta el órgano sexual descendiendo en paralelo a la columna vertebral. Los dos canales laterales están situados a izquierda y derecha del canal central. A lo largo de toda nuestra vida, fluyen aires y gotas por el interior de estos canales. Por todos los canales fluyen gotas burdas menos en el canal central, que contiene en su interior gotas burdas y sutiles. Pero, en distintos puntos su recorrido se halla bloqueado debido a que los canales laterales se enroscan a su alrededor. Estos puntos bloqueados se conocen con el nombre de *chakras*. Tenemos chakras en la coronilla, la garganta, a la altura del corazón, en el ombligo, en el lugar secreto, y en el órgano sexual.

En algunos momentos puntuales ocurre que las gotas se funden y fluyen por los tres canales produciendo gozo.

En cuanto a los aires sutiles, en general, circulan por los distintos canales y solo penetran el canal central en el momento de la muerte, durante el sueño profundo, en el momento del orgasmo y a través de poderosas prácticas tántricas.

Los aires de energía o pranas que fluyen por los canales, hacen posible las distintas funciones fisiológicas que lleva a cabo nuestro cuerpo. Algunos de estos aires sirven como "montura" para los distintos estados mentales, que también pueden ser burdos, sutiles y muy sutiles. A lo largo del proceso de la muerte, el cuerpo burdo se disuelve en el sutil y éste en el muy sutil.

Del mismo modo que existen tres niveles de cuerpo físico, tenemos tres niveles de mente. Las consciencias sensoriales físicas pertenecen a la categoría de mentes burdas. La consciencia mental tiene tres grados: burda, sutil y muy sutil. Nuestros pensamientos y conceptos habituales constituyen nuestra mente burda. Durante el proceso de la muerte, todos los aires de energía internos se disuelven, primero en los canales laterales y de allí pasan al canal central, donde permanecen y se disuelven provocando los distintos signos o experiencias que acontecen a un moribundo.

A lo largo del trance, la persona tiene dos tipos de experiencias: signos externos y signos internos. Los signos internos son ocho visiones que tienen lugar cuando los elementos –tierra, agua, fuego y aire– dejan de funcionar como sostén del cuerpo. El primero en absorberse es el elemento tierra, y el proceso termina con el despertar de la Luz Clara: los tres estados denominados *apariencia* o visión blanca, *aumento* o visión roja, y *cerca del logro* o visión de oscuridad, son manifestaciones de la mente sutil. Por último, una vez disueltos los elementos restantes, aparece la mente muy sutil o la *Luz Clara de la muerte*, que acompaña al aire muy sutil.

Todas las ayudas dispensadas al moribundo para que su mente more en paz mientras viaja de una vida a otra, deben iniciarse antes de que empiecen a disolverse los elementos.

He aquí una descripción de los veinticinco fenómenos que se disuelven a lo largo de todo el proceso de la muerte:

*Los cinco agregados*

Forma, sensación, discernimiento, factores composicionales y consciencia.

*Los cuatro elementos*

Tierra, agua, fuego y aire

*Los seis poderes sensoriales*

El poder sensorial visual, auditivo, olfativo, gustativo, del tacto, y mental

*Los cinco objetos*

Las formas y colores, los sonidos, los olores, los sabores y las sensaciones del tacto en el continuo mental del moribundo.

*Las cinco sabidurías básicas*
Estas sabidurías son llamadas básicas en el sentido de imperfectas, puesto que son las propias del común de los mortales, de los seres que no están iluminados.

*La sabiduría básica parecida al espejo*, es lo que te permite percibir muchos objetos simultáneamente, como un espejo capaz de reflejar todo lo que se coloca ante él.
*La sabiduría de la igualdad*, es aquella capacidad que nos permite ver y entender que un coche rojo y otro de verde son coches por igual o que las experiencias agradables, desagradables y neutras son sensaciones.

*L*a sabiduría del análisis, se refiere a la capacidad para discernir entre las distintas palabras o nombres que les damos a los objetos.

*L*a sabiduría de ejecutar actividades, se refiere a la capacidad de entender nuestras diferentes actividades y sus resultados.

*L*a sabiduría del *dharmadhatu* o naturaleza de los fenómenos, se refiere a aquella capacidad, poco explotada, de percibir o discernir la verdadera naturaleza de los fenómenos.

Un repaso exhaustivo de todos los elementos descritos, pone en evidencia que los usamos a diario. No son una descripción lejana de teorías alienas a nuestra cultura, que tenemos que aceptar a base de fe. No hay ni uno solo de los elementos descritos que no esté presente cada uno de nosotros.

# 18

# Inicio del proceso de la muerte

Cuando empieza el proceso de la muerte, los cinco primeros fenómenos que se disuelven son los pertenecientes al agregado de la forma. Ocurre así:

# 19

## Primera disolución

Así es como empieza el proceso de la muerte. Se dice que si ésta ocurre, por ejemplo, a causa de un accidente en la carretera, este mismo proceso acontece también, aunque de un modo mucho más rápido que el habitual.

*Los cinco fenómenos del agregado de la forma*

El agregado de la forma
La sabiduría básica parecida al espejo
El elemento tierra
El poder sensorial visual
Las formas y colores en el continuo mental del moribundo

*Signos externos de la disolución del agregado de la forma*

Al disolverse *el agregado de la forma*, el cuerpo se debilita y pierde facultades.

Con la disolución de la *sabiduría básica parecida al espejo*, el poder de la mente para reflejar cosas se apaga y la visión se vuelve borrosa.

Con la disolución del *elemento tierra* se aflojan las extremidades, la delgadez es extrema, el moribundo tiene la sensación física de hundirse. Algunas personas defecan u orinan sin control.

*Signo interno de la disolución del agregado de la sensación*

El signo interno que percibe el moribundo es denominado *la apariencia del humo*; como una especie de neblina o ligero vapor de color azul. Esta apariencia interna es causada por la disolución del elemento agua en el elemento fuego.

# 21

## Tercera disolución

Los cinco fenómenos del agregado del discernimiento.

El agregado del discernimiento
La sabiduría básica del análisis individual
El elemento fuego
El poder sensorial del olfato
Los olores en el continuo mental del moribundo

Los signos externos de la disolución del agregado del discernimiento

Cuando se disuelve el *agregado del discernimiento*, el moribundo ya no reconoce a sus familiares y amigos.

Al disolverse *la sabiduría básica del análisis*, deja de recordar los nombres de sus más allegados.

Al disolverse el *elemento fuego*, el cuerpo pierde calor, y las funciones digestivas se detienen por completo.

Con la disolución del *poder sensorial del olfato*, el moribundo no puede detectar olor alguno, la inspiración se vuelve tenue y corta mientras que la exhalación se alarga; empieza a emitir los sonidos de la agonía.

Cuando se disuelven los *olores en el continuo mental del moribundo*, uno no detecta ni su propio olor.

*Signo interno de la disolución del agregado del discernimiento*

El moribundo tiene una visión denominada *la apariencia de chispas*, parecida al chisporroteo que vemos al quemar hierba seca en la oscuridad de la noche. Esta apariencia interna se produce porque el elemento fuego se ha disuelto en el elemento aire, y éste último se vuelve más predominante.

# 22
## Cuarta disolución

Los cinco fenómenos del agregado de los factores composicionales

El agregado de los factores composicionales
La sabiduría básica de ejecutar actividades
El elemento aire
El poder sensorial del sabor o gustativo
Los sabores en el continuo mental del moribundo

*Signos externos de la disolución del agregado de los factores composicionales*

Al disolverse *el agregado de los factores composicionales*, el moribundo pierde toda la movilidad.

Cuando se disuelve *la sabiduría básica de ejecutar actividades* ya no recuerda cuales fueron sus objetivos, trabajo o quehaceres mundanos.

Con la disolución del *elemento aire*, los diez aires de energía internos se disuelven en el *chakra* del corazón y la respiración se detiene. *Pero sería un error pensar que en este momento la persona ya ha muerto.*

Al disolverse *el poder sensorial del sabor*, la lengua se encoge, aumenta su grosor, su raíz se vuelve azul, y deja de emitir sonidos, pierde el habla. Si deseamos ofrecer agua o píldoras benditas al moribundo, deberíamos hacerlo al principio del proceso de la muerte ya que, llegado a este punto no podría ingerirlas.

Al disolverse *los sabores de su continuo mental*, no podrá experimentarlos jamás.

En este punto, debido a la disolución del poder sensorial corporal y de los objetos del tacto, la consciencia corporal ya no es capaz de experimentar sensaciones físicas de placer, dolor o indiferencia, suavidad o aspereza, duro o blando, calor o frío.

*Signo interno de la disolución del agregado de los factores composicionales*

El signo interno es la *apariencia de la llama*. Es parecido a los últimos destellos de la llama de una vela al apagarse. Se produce porque el elemento aire se ha disuelto y el factor de la consciencia se ha hecho más preponderante.

Hasta este momento se han disuelto los aspectos burdos del cuerpo y la mente de la persona.

# 23
## Quinta disolución

Seguidamente, se disolverá el *agregado de la consciencia.* En primer lugar lo harán las ochenta concepciones indicativas; hay textos en los que se enumeran detalladamente pero, de manera resumida, podemos decir que treinta y tres están vinculadas con el apego; cuarenta con el odio, y siete con la ignorancia. Las ochenta concepciones indicativas se disuelven de manera simultánea y no gradual, porque los aires que las acompañan se disuelven también. La disolución de todas ellas tiene lugar una vez terminada la absorción de los fenómenos burdos, recién explicados.

Hagamos memoria, ya se ha dicho antes que la consciencia tiene tres niveles: el nivel burdo abarca las consciencias sensoriales, ya disueltas junto a las ochenta concepciones indicativas. El nivel sutil comprende las tres apariencias que se explican a continuación y el nivel más sutil o refinado, es la Luz Clara.

*Agregado de la consciencia*

Las ochenta concepciones indicativas
La mente de la apariencia blanca
La mente de la apariencia roja
La mente de la oscuridad cercana al logro
La mente de la Luz Clara de la muerte

A lo largo del proceso de gestación de nuestro cuerpo en el útero materno, la esencia de las gotas blanca y roja de nuestros padres, denominada *gota indestructible*, se ubicó en lo que más tarde sería el *chakra* del corazón. Una porción de la gota blanca se desprendió y ascendió hasta el *chakra* de la coronilla, siendo la fuente de las *gotas blancas* en el cuerpo. Una porción de la gota roja descendió hasta el chakra del ombligo, donde ha permanecido generando *las gotas rojas* de nuestro organismo; esta parte de la gota esencial es conocida como *tumo*, y su función es la de producir calor en el cuerpo.

Mientras se produce la disolución de los cuatro elementos burdos descritos hasta ahora, los aires se van recogiendo en los canales laterales y el canal central del moribundo. Este proceso provoca que todos los nudos que forman los *chakras* se aflojen, todos excepto el chakra del corazón. Esto ha causado que la gota blanca, situada en la coronilla, descienda hasta el *chakra* del corazón sobre los seis nudos que lo constriñen. Por este motivo, el moribundo experimenta la *apariencia blanca*, que es como un *cielo nocturno de otoño, claro y vacío, impregnado por la brillante luz de la luna.* Es una mente sutil y la percepción es interna, también se la denomina primer vacío. ¿Por qué desciende la gota? Porque su naturaleza es la del agua.

(Este idéntico proceso puede ser llevado a cabo en vida, aunque *sólo* por meditadores expertos en el estado de consumación del sendero tántrico).

# 24

## Sexta disolución



Debido a las disoluciones previas, los aires también han aflojado los nudos del ombligo. Esto permite que la gota roja localizada en el chakra del ombligo ascienda, llegue al chakra del corazón, y con esta ascensión se produzca la apariencia del *rojo en aumento*. Es como el color rojizo de un cielo claro en otoño al ponerse el sol. Se denomina también *segundo vacío* o *muy vacío*. ¿Por qué asciende la gota? Porque su naturaleza es el fuego.

# 25
## Séptima disolución

La presión generada por los aires asociados a la mente de *apariencia blanca* y a la de *rojo en aumento*, causa que se aflojen los nudos del *chakra* del corazón y se unan las dos gotas. La gota indestructible queda de éste modo encapsulada, como si se tratase de una especie de caparazón hermético. Debido a que los aires que acompañan a las mentes de *apariencia blanca y rojo en aumento* se han disuelto en la gota indestructible, el moribundo experimenta una sensación de oscuridad. Percibe la *oscuridad cercana al logro*, denominada también *gran vacío*. Es un estado de inconsciencia acompañado de una visión parecida a la de *un cielo de otoño libre de polución e impregnado por la densa oscuridad de la noche*. Algunas personas pueden permanecer en este estado mucho tiempo, para otras, dura muy poco.

# 26

## *Octava disolución*

Una vez transcendida la mente de *oscuridad cercana al logro* los nudos en el corazón se sueltan por
completo, ocasionando que ambas gotas se abran: la
gota blanca desciende y gota la roja asciende. Cuando
esto ocurre se libera en el moribundo la que será su última mente de esta vida, la Luz Clara de la muerte, este
estado de consciencia permanece aletargado durante
toda nuestra vida.

La visión correspondiente se asemeja al *color natural de un cielo de otoño justo antes del amanecer,
libre de las tres causas de polución: luz lunar, luz solar
y oscuridad.* Esta experiencia es solo comparable a
la consciencia que permanece en equilibrio meditativo
concentrada en la vacuidad; mientras dura, todavía no
se puede afirmar que se haya producido la muerte real.
Esta mente es la claridad absoluta, sin percepción de
color, forma o conceptos. Un yogui que se haya adies-
trado en el profundo Tantra puede permanecer en esta
Luz Clara de la Muerte durante un largo periodo de
tiempo, incluso semanas.

Sin embargo, llega el momento en que el aire que
acompaña a esta mente tan sutil de la Luz Clara se
mueve ligeramente, momento en el que la esencia pura
de la sangre es expulsada por la nariz, y la esencia
pura del semen es emitida por el órgano sexual. En la
cultura tibetana, este signo externo es el que determina
la muerte, y no el cese de la respiración. El cuerpo del

fallecido no debería manipularse hasta que se produce ésta señal. Habíamos comentado que estas dos esencias puras procedían de nuestros padres y que, desde nuestra gestación, se habían localizado en el centro del chakra del corazón formando *la gota indestructible*, una vez desunida esta gota, la muerte es irremediable pues la consciencia abandona el cuerpo.

El calor que quedaba latente en la zona del corazón se desvanece por completo y la consciencia entra en el bardo: el aire que acompañaba la Luz Clara se transforma en el cuerpo del bardo, y la mente de la *oscuridad cercana al logro* del proceso inverso[8] se transforma en la mente del ser del bardo en busca de una nueva morada.

En todos los seres se activa la Luz Clara al morir, incluso en los animales. Un yogui con poder sobre el estado de consumación puede utilizarla para experimentar la vacuidad. La Luz Clara es denominada en ocasiones *todo vacío*; en la escuela Nygmapa se la conoce como Dzogchen, y en la escuela Kagyupa como Mahamudra. Cuando podamos transformarla, ésta será la mente que alcanzará la Iluminación; en calidad de seres ordinarios, ésta es la mente que nos perpetúa en el samsara. Es la que va de la vida pasada a la presente, y de la presente a la futura, y sólo los grandes yoguis tántricos, expertos en el estado de consumación, pueden activarla a voluntad.

Mientras un yogui permanece en equilibrio meditativo en la Luz Clara de la muerte, su cuerpo no adquiere la rigidez característica de un cadáver. Mi Maestro, el

---

[8] Después de la muerte, el proceso de las ocho visiones ocurre a la inversa, de modo que el primer estado de mente del ser del bardo es la mente de la *oscuridad cercana al logro*.

muy Venerable Gueshe Tamding Gyatso, solía explicar como el gran Triyang Rimpoche llegó a mantenerse un mes en este estado. Otro de sus Maestros Ling Rimpoche, permaneció en la Luz Clara dos semanas, y Phara Rimpoche, tres.

La Luz Clara tiene dos categorías o divisiones: Luz Clara Madre y Luz Clara Hijo. La primera es la que existe en todos los seres y que experimentaremos durante el proceso de la muerte. La segunda es la que posee un yogui que se ha entrenado con determinadas prácticas recreando éste proceso psicofísico descrito hasta ahora. Cuando eres capaz de unir la Luz Clara Madre con la Luz Clara Hijo, alcanzas la Budeidad. Muchos yoguis, indios y tibetanos, han esperado a la Luz Clara Madre para iluminarse en el bardo.

En el Tibet, el cuerpo del difunto permanece en su casa hasta transcurridos por lo menos dos o tres días, el tiempo que un ser ordinario puede mantener el estado de Luz Clara, aunque no sea consciente de ella. La tradición médica tibetana señala que, cuando esta mente abandona el cuerpo, lo hace a través de alguna de sus "puertas" corporales, motivo por el cual es tan desaconsejable mover un cadáver antes de tiempo, especialmente en su parte inferior. De tener que hacerlo, es mejor tocarle primero la coronilla porque la consciencia tiende a salir por el lugar del cuerpo que se toca.

La muerte, el bardo y el nacimiento están absolutamente interrelacionados. Después de muertos, nuestro cuerpo se descompone bajo tierra o es devorado por las llamas, sin embargo, nuestra consciencia, esa prolongación de la mente de la Luz Clara, será la base mental que dará origen a la vida siguiente.

Si en el transcurso de la existencia han predominado en nosotros estados mentales y actos positivos, es muy probable que al iniciarse el proceso de la muerte, dicha virtud salga a flote, y predominen en la mente estados positivos. Pero, si en nuestra experiencia vital han predominado las tendencias hacia lo negativo y hemos causado daño, tanto a los demás como a nosotros mismos, la disposición mental en el momento de la muerte será negativa. Si el bien y el mal se han ejercitado por igual, es incierto cual de los dos dominará en el trance, será como una carrera entre ambos.

Este hecho es de una importancia capital porque si al empezar el proceso de la muerte nuestra mente se encuentra en sintonía con estados virtuosos como el amor, la renuncia o la compasión, tanto la muerte como el bardo serán pacíficos y el nacimiento posterior, afortunado. Pero, si nos controlan estados negativos como el apego, el odio o la avaricia, tanto la muerte y como el bardo serán confusos y dolorosos y el nacimiento posterior, miserable.

Quien, en general, ha llevado una vida recta pero despierta un estado mental negativo en los últimos instantes de su vida, tendrá un bardo y un nacimiento atormentados. Sin embargo, la virtud acumulada no se pierde. Por ésta misma regla de tres, puede ocurrir que una persona malvada genere en los últimos instantes de su vida un estado mental muy positivo, con lo cual accedería a un bardo y un nacimiento afortunados, aunque arrastraría consigo su karma negativo y experimentaría los resultados de sus actos en el futuro. Gueshe Tamding Gyatso, en una enseñanza pública al respeto, puso un ejemplo muy gráfico. Estamos en la Final de un campeonato de fútbol: un equipo puede haber perdido algunos partidos pero, si consigue llegar a la final y ganar el encuentro más importante, se proclama campeón; el otro equipo, puede haber sido muy regular ganando más partidos, pero si pierde en este último y decisivo encuentro, queda relegado. Mi Lama decía: "Cuando empieza el proceso de la muerte, jugamos la gran final".

En los penosos momentos del trance, los familiares del moribundo han de procurar crear un ambiente tranquilo y relajado a su alrededor, tratando de no provocarle estados de aversión o de apego. Si el moribundo ha sido una persona religiosa, deberían recordarle sus prácticas en éste momento: susurrarle textos sagrados o mantras al oído, hablarle del amor, la compasión y recordarle que tome refugio en las Tres Joyas. Sea cual sea su religión se le debe ayudar a acordarse de sus objetos de fe y sus oraciones; si se trata de una persona no religiosa, se debe procurar un ambiente a su alrededor que la haga morir en paz.

Para un budista, el objetivo de conocer este proceso con tantos detalles no es otro que el de incentivar prácticas como los tres aspectos principales del camino: renuncia, bodhichita y sunyata, y motivarnos para practicar la sadhana de Prajnaparamita, por ejemplo, que es sencilla y fácil. De este modo, nos preparamos para morir contando con un verdadero refugio interior.

# 27

## Conversaciones con un anciano

### Por Lama Guntang Konchok Dronme

Homenaje a los Budas, que, habiendo abandonado las semillas de la existencia cíclica, están más allá de la naturaleza dolorosa del nacimiento, la enfermedad, la vejez y la muerte. Gloria a ellos, por cuya inspiración cortaremos las cadenas que nos atan a los reinos samsáricos.

Una vez, hace mucho tiempo, ocurrió que un anciano, demacrado y exhausto, se encontraba yaciendo en el margen de un camino apartado. Un joven, apuesto y arrogante, que pasaba a menudo por allí se le acercó, y esta fue la conversación que mantuvieron:

"Tú, anciano, tanto si estás sentado, caminando como trabajando, te ves diferente a cualquier persona que haya conocido hasta ahora ¿Qué tienes? ¿Qué es lo que tanto te aflige?"

El anciano respondió: "¡Oh, joven! rebosante de orgullo, de carne y sangre tierna, escucha bien lo que voy a decirte: durante muchos años yo fui más fuerte que tú".

"Cuando corría podía adelantar un caballo al trote, y cuando cazaba, incluso me atrevía con los salvajes *yaks* del norte. Mis pies eran tan ligeros como los pájaros que surcan el aire, y mi rostro, hermoso como el de un dios".

"Vestía prendas magníficas, me adornaba con las mejores joyas, y montaba el más rápido de los corceles."

"No había deporte que se me resistiera, ni placer que no conociera. Nunca pensaba en la muerte o en la llegada de la vejez. El ruido de los amigos y familiares que me rodeaban constantemente reclamaban toda mi atención y apartaban de mi vista lo demás".

"Pero el sigiloso sufrimiento de la vejez, lentamente se fue apoderando de mí. Al principio no me di cuenta de ello, y cuando lo hice, ya fue demasiado tarde. Ahora, al mirarme en el espejo, no me gusta lo que veo".

"Cuando uno recibe una iniciación tántrica, el agua sagrada baña primero su cabeza y va descendiendo por el resto del cuerpo. La muerte se desliza de un modo similar: la coronilla se torna nívea y después van apareciendo otros síntomas".

"Mi pelo es blanco como una concha marina. Pero no lo he teñido; es el Señor de la Muerte que me ha escupido, y la escarcha de su saliva cubre mi cabeza".

"Las muchas arrugas de mi rostro no son los pliegues en la piel de un bebé rollizo, sino el trazo de los años, dibujado por la mano del Guardián del Tiempo".

"El bizquear constante de mis ojos no se debe a que me molesta el humo. Mi poder de la visión ha disminuido y me veo obligado a entrecerrar los ojos para poder ver".

"Cuando inclino la cabeza, rodeando con la mano el pabellón de mi oreja, no estoy esperando a que me susurres un secreto al oído, sino que todos los sonidos me resultan remotos y debo esforzarme para oír".

"Involuntariamente, mi nariz gotea. Es el hielo de mi juventud que ha sido derretido por el sol de la vejez, no creas que son perlas que se desprenden de un collar".

"Se me están cayendo los dientes. Y no es parte de un ciclo que anuncia el crecimiento de piezas nuevas; he consumido las comidas de esta vida y la cubertería se está retirando de la mesa".

"No babeo continuamente porque quiera regar el suelo. Más bien resulta que, todo lo que una vez disfruté, ahora me desagrada y mi saliva cae aunque yo no lo quiera".

"Mi charla confusa no es un dialecto que haya aprendido en alguna tierra fría y lejana. En el pasado, caí una y otra vez en charlas vanas y ahora mi lengua se siente agotada".

"El feo rostro que ves no es una máscara de chimpancé que me pongo. Lo que ocurre es que he tenido que devolver la máscara de mi juventud —solo me ha pertenecido porque ha sido alquilada por un breve tiempo—, ahora solo quedan los feos huesos de mi calavera.

"El temblor constante de mi cabeza no es un signo de desaprobación. El Señor de la Muerte me ha golpeado con su cayado y, desde entonces, mi cerebro es inestable".

"El modo que tengo de andar, inclinado y mirando al suelo, no es porque quiera encontrar una aguja que haya extraviado. Se me han caído las joyas de la juventud y ando aturdido, incapaz de recordar mi propio nombre".

"El modo que tengo de incorporarme no es la divertida imitación de un animal. Mis extremidades ya no me sostienen y para levantarme preciso usar los brazos y las piernas".

"El modo de dejarme caer cuando quiero sentarme no es una muestra de mi mala educación. Los hilos de la felicidad se han roto y las cuerdas de mi juventud han sido cortadas; ya no puedo moverme con gracia".

"Cuando camino me balanceo, pero no lo hago para presumir y pretender que soy un hombre importante, sino porque el peso de la edad me ha montado con fuerza y me impide andar como es debido".

"El temblor constante de mis manos no se debe a la picazón producida por el roce de mis joyas. La muerte ha posado sus ojos en mí, esperando para arrebatarme de las manos la gema de la vida, y por ello tiemblo de miedo".

"La dieta estricta que sigo no es limitada porque sea un avaro. Mi capacidad para digerir ha disminuido y temo morir sobrealimentado".

"La ropa ligera con la que me visto no es un disfraz. Mi fuerza física ha menguado tanto que incluso mis vestidos representan una carga".

"Mi modo pesado de respirar no se debe a que esté recitando oraciones para beneficio de los demás. Es un signo de que pronto el aliento de mi vida se desvanecerá en el espacio".

"Mi comportamiento estrafalario no es una extraordinaria expresión artística; estoy en manos del demonio de la Muerte y me resulta imposible actuar como deseo".

"Continuamente olvido lo que debo hacer; no para demostrar mi falta de respeto a la constancia, sino porque mi cerebro está agotado y mi memoria e inteligencia, mermadas".

"Pero, no hace falta que se rían de mí, porque todos van a tener su ración de vejez. Dentro de pocos años, los primeros Mensajeros de la muerte también vendrán a por ti".

"Mis palabras todavía no te han impresionado, pero pronto esta misma condición que a mí me afecta, caerá sobre ti. En la actualidad la gente no vive mucho tiempo, y no tienes ninguna garantía de llegar a cumplir los mismos años que yo. Y, aunque vivas tanto como yo, no tienes la certeza de que vayas a conservar las facultades de cuerpo, palabra y mente que ves en este débil anciano".

El joven, sintiéndose atacado, protestó: "¡Oh tú, criatura miserable, despreciada por los hombres y acosada por los perros, tu cuerpo es feo y está consumido! ¡Preferiría morir antes que seguir viviendo en tus condiciones!".

El anciano le sonrió: "Quieres ser joven eternamente y no deseas envejecer. Dices que prefieres la muerte a la vejez, pero cuando se acerque el momento fatídico, descubrirás que no es fácil enfrentarse a la muerte con confianza y aceptación".

"Si nunca hubiera perjudicado al gentil, si siempre hubiera guardado mis preceptos espirituales y seguido la triple aplicación del estudio, la contemplación y la meditación, probablemente, me resultaría más sencillo morir en paz".

"Pero, mi mente no se detuvo a pensar ni por un instante en los valores espirituales. Ahora, aunque mi cuerpo ya ha sucumbido a la vejez, estimo y valoro cada nuevo día como una oportunidad más para adiestrarme en los principios del Dharma, y no quiero morirme todavía".

Cuando el anciano hubo hablado así, la actitud del joven se transformó: "Sí, anciano, tienes razón. Lo que he visto con mis ojos y lo que he escuchado con mis oídos, verdaderamente confirman todo lo que dices. Tus palabras me han conmovido profundamente. Los sufrimientos de la vejez son, ciertamente, muchos. Tu ya eres viejo y has adquirido mucha experiencia, de modo que, dime la verdad, ¿existe algún método para llegar a superar este terror?"

El anciano sonrió de nuevo: "Sí, existen métodos, y no son particularmente difíciles. Todo lo que nace debe morir, y no son muchos que viven siquiera hasta llegar a la vejez. Para vivir y no morir, haría falta el fabuloso elíxir de la inmortalidad, que parece difícil de obtener".

"Todos los grandes seres del pasado han muerto: Budas, Bodhisatvas, santos y reyes por igual. Los íntegros y los pecadores, todos deben enfrentarse a la muerte algún día. ¿Por qué ibas a ser tú diferente?"

"Sin embargo, si practicas el sendero espiritual, la mente mora en el gozo, sin importar la edad que tengas. Después, cuando te sobrevenga la muerte, serás como el niño que regresa felizmente a su hogar. Ni siquiera el Buda mencionó un método más profundo que este".

"Este es mi consejo más profundo; viene de mi corazón, no solo de mi boca: tienes el destino en tus manos y debes seguir tus impulsos más íntimos".

A esto el joven respondió: "En verdad tienes razón. Pero antes de consagrarme con energía a la práctica, hay asuntos que debería arreglar, las necesidades de mi familia, así como las de mi casa y mis bienes. Cuando lo haya organizado todo regresaré para seguir hablando contigo".

El anciano gruñó: "Tu actitud es irracional. Yo también viví con la idea de implicarme más tarde en la práctica. El trabajo es como la barba de un hombre: no importa cuánto la cortes, necesitas seguir afeitándote, pues la barba crece aún con más fuerza. Los años pasaron de este modo para mí, y el trabajo nunca llegó a su término. Retrasar el momento de empezar es engañarte a ti mismo".

"Si te empeñas en seguir posponiéndolo eternamente, no tendrás esperanza alguna de obtener realizaciones espirituales y nuestra conversación habrá sido en vano. Mejor vuelve a tu hogar y deja a este anciano meditar en paz".

El joven respondió sorprendido: "Anciano, no seas tan duro conmigo. Sería un loco si abandonara sin más todo lo que he emprendido".

A lo que el anciano respondió: "Sí, a mí puedes tratar de convencerme con tu repuesta, pero al Señor de la Muerte, que mora en el sur, nuestros planes le traen sin cuidado. Es con él con quien tienes que hablar. Aunque, cuando venga para buscarte no te preguntará si eres joven o viejo, si procedes de una buena o una mala familia, si eres rico o pobre, si estás o no listo para partir".

"Todos nos vemos obligados a irnos solos, dejando atrás nuestros trabajos a medias. El hilo de la vida se rompe como la cuerda que cede por una carga demasiado pesada".

"No hay tiempo para hacer planes. Morir sin conocimiento espiritual, es morir con una patética impotencia. Cuando llegue éste momento, tendrás otra opinión sobre la importancia de los trabajos efímeros".

"¿No sería más útil que rectificaras tu opinión ahora, cuando todavía estás a tiempo de adiestrarte? Pero, los buenos consejos son raros en este mundo y aquellos que los siguen, lo son aún más".

Al escuchar estas palabras, el joven, conmovido, se postró ante el anciano diciendo: "Ni el más grande de los Gurus sobre el trono más adornado, ni ninguno de los mayores eruditos o yoguis podría haberme dado una enseñanza más profunda. Anciano, eres un verdadero amigo espiritual y seguiré tu consejo. Por favor, continúa hablándome".

El anciano prosiguió: "He vivido en esta tierra durante muchos años, en consecuencia, sé mucho de la vida. Nada es más difícil de comprender que los principios del sendero espiritual, el Camino cuya metas son las más elevadas, la Liberación y la Iluminación omnisciente".

"No es fácil cultivar una experiencia de la verdad que proclaman los Iluminados, y es incluso más difícil hacerlo a partir de una edad avanzada. La juventud es el momento propicio para aprender y familiarizarse con las enseñanzas. Después, a medida que el paso de los años nos acerca a la vejez, resulta más fácil persistir en la práctica".

"Si de verdad entiendes, aunque sea un solo punto de las enseñanzas, todas tus actividades resultarán favorecidas. No desde el intelecto; cuando se produce la experiencia espiritual, todos los actos de cuerpo, palabra y mente adoptan un matiz espiritual".

"La raíz de la práctica es confiar correctamente en un Maestro espiritual, y defender el propio adiestramiento con el mismo cuidado con el que proteges tus ojos".

"Da la espalda a los trabajos mundanos e implícate en el estudio, la contemplación y la meditación de todas las enseñanzas esenciales y provechosas del Buda y de Tsong Khapa, su regente en el Tíbet".

"Aplicándote de este modo, a la vez que implantas las bases y los métodos para acumular mérito y purificar la mente de tendencias negativas, vendrá la Iluminación. Entonces, hijo mío, conocerás la dicha y todas tus aspiraciones se verán cumplidas".

La conversación transcurrió de este modo, y los dos se hicieron grandes amigos espirituales. Vivieron juntos en el bosque, libres de las ocho preocupaciones mundanas, totalmente absortos en la práctica de la meditación.

Esta es la historia del anciano y el joven que se encontraron un día en el bosque, y las correspondientes anotaciones de la conversación que ambos mantuvieron. La he escrito con el deseo de que nos sirva de inspiración, a mí mismo y a los demás, para practicar el Dharma.

Yo, el autor, Konchog Tenpe Dronme, no tengo una experiencia particular de la vida, pero pienso que si esté diálogo queda escrito para la posteridad, puede resultar de gran ayuda a futuros practicantes.

# 28

## La meditación

Cuando meditamos analizamos las enseñanzas, no sólo para discernir claramente su significado, sino también para contrastar su validez. La exhaustiva investigación del tema, recordando citas, enseñanzas, así como experiencias propias o ajenas, forma parte de lo que se conoce como meditación analítica. El resultado de dicha reflexión dará paso a un nuevo estado mental de naturaleza positiva que, al principio, aparece difuso pero que con el tiempo se perfila hasta ser del todo claro. Concentrarse unipuntualizadamente en éste estado mental, resultado del análisis, es la meditación de emplazamiento o concentración. Esta segunda forma de meditación es la responsable directa de todas las experiencias espirituales. No podemos apuntar que una forma de meditación sea mejor que la otra, porque ambas son complementarias.

Al pensar y reflexionar en los distintos temas de las enseñanzas, estamos creando "tintes mentales virtuosos": son los pensamientos sobre los que desarrollamos la concentración. Cuanto más material escuchemos y contemplemos más estable y de mejor calidad será el "tinte". La meditación de emplazamiento hace posible que la mente se empape de esa tonalidad transformadora particular.

En la meditación se distinguen, pues, dos etapas: análisis y emplazamiento. El objetivo del análisis es 1) crear el objeto de meditación y 2) acercar la mente hacia el mismo. Tras el análisis surgirá en la mente una imagen, una sensación o un estado mental relativo al tema analizado; este es el objeto en el que concentrarse; dejamos que la mente se funda con la sensación surgida durante tanto tiempo como podamos, sin más análisis. Tan pronto como se pierde el objeto o experiencia, volvemos de nuevo a buscarla, regresando a la primera etapa: analizar el objeto para volver a localizar la experiencia. Y una vez hallada, tratamos de sostenerla con nuestra concentración. Al principio, el proceso de *buscar, encontrar, sostener y perder* se repite varias veces a lo largo de nuestras sesiones de meditación. Pero, con la práctica, podemos sostener el objeto más y más tiempo, teniendo ocasión de que nuestra experiencia del mismo aumente.

Cuando la mente se acostumbra a enfocarse sobre visiones correctas de la realidad, se empieza a producir una transformación interior que da paso a una sabiduría muy especial: es la sabiduría que surge de meditar.

Los dos factores más importantes a la hora de meditar son la concentración y la atención. La concentración se enfoca de manera unipuntualizada sobre el objeto; es lo que se familiariza con la idea producto del análisis. La atención evita que la mente se distraiga y, en caso de hacerlo, la vuelve a colocar sobre el punto escogido para nuestra práctica.

En las primeras etapas de la meditación aparecen dos obstáculos: el vagabundeo y la excitación. El primero ocurre cuando al meditar sobre la respiración, por ejemplo, nos perdemos en temas de dharma, como el amor o la renuncia. El segundo tiene lugar cuando nos distraemos con pensamientos más mundanos, como nuestro negocio, una buena película o las próximas vacaciones. A medida que avanzamos en la meditación aparecen otros obstáculos, y para superarlos es conveniente pedir consejo a un buen meditador que haya pasado por este proceso y sea capaz de resolver correctamente nuestras dudas.

La meditación es un aspecto de la práctica budista muy mal interpretado en occidente. En general, se tiene la idea de que meditar consiste en cerrar los ojos y concentrarse en la imagen de una flor o en una puesta de sol, y que su objetivo es relajar la mente o superar el estrés. Concebida en este sentido, la meditación crea unas expectativas fantasiosas en el neófito que, a la larga, pueden dificultar su correcto desarrollo espiritual.

Las directrices que aparecen a continuación no constituyen la única manera de meditar en la muerte, son tan sólo una ayuda que puede servirnos como guía hasta que aprendamos a utilizar, por nosotros mismos, la esencia de los textos clásicos.

# 29

# Manera de meditar en la muerte

Contemplar nuestra propia mortalidad nos aparta de la influencia nociva de las ocho actividades mundanas. En una ocasión, un anciano estaba circunambulando el monasterio de Reting cuando el gran maestro, Dromtompa, le salió al paso para decirle: "Lo que haces está muy bien pero ¿no sería mejor que practicases Dharma?". Al cabo de un rato, el anciano se puso a la vista de Dromtompa leyendo profundas escrituras mahayana, y éste le volvió a repetir lo mismo. El anciano pensó que quizá debería sentarse y ponerse a meditar, pero Dromtompa continuó sugiriéndole que practicara el Dharma. Finalmente, confuso, el anciano le preguntó: "¿Qué se supone que debo hacer para practicar Dharma?" La respuesta de Drom fue contundente: "Renuncia a esta vida; si no lo haces, ninguna de tus prácticas podrá considerarse auténtica práctica de Dharma, pues seguirás obsesionado por las ocho preocupaciones mundanas. La renuncia a esta vida te hará abandonar la obsesión por éstas ocho. Sólo así tus actividades serán Dharma verdadero".

Pabongka Rimpoché solía decir: "Una de las razones por las que nuestras emociones aflictivas van en aumento, a pesar de implicarnos en prácticas avanzadas, es que dejamos de lado las meditaciones del nivel inicial y medio". En estos niveles es donde encaja la meditación de la de la muerte, aunque todos lo grandes meditadores siguen meditando en la fragilidad de la existencia aún en los estadios más evolucionados de su práctica.

No debemos confundirnos; una vez más, el propósito de meditar en la muerte no es sentirnos deprimidos, sino adoptar una actitud realista, razonable y equilibrada ante la vida. Una mente estable, libre del apego hacia las preocupaciones mundanas es una base sólida sobre la que levantar el edificio del Dharma.

Meditar en la muerte 1) elimina de nuestra mente aquellos conceptos fantasiosos que nos perjudican, 2) relaja la tensión que provoca concederle tanta importancia a las cosas mundanas: negocios, trabajo, dinero, posición social, reputación; y 3) nos impulsa a darle el mejor uso posible a nuestra existencia humana.

Sakyamuni Buda decía en un Sutra:

De todas las cosechas, la más provechosa es la del otoño.
De todas las pisadas, la del elefante es la más profunda.
De todas las meditaciones, evocar la muerte y la
transitoriedad, es la suprema.

Para darnos cuenta de la certeza de la muerte no es imprescindible estudiar las escrituras, basta con seguir el sistema de Gueshe Potowa, quien tenía la costumbre de escribir en una lista los nombres de las personas que morían en su aldea. Si pensamos en todas aquellas personas que hemos conocido, y que ya no están cerca de nosotros, concluiremos que:

La muerte es inevitable.
El momento de la muerte es incierto.
En el momento de la muerte, solo el Dharma
puede ayudarnos.

Esto nos llevará a cultivar tres determinaciones:

Voy a practicar Dharma.
Empezaré a hacerlo inmediatamente.
Practicaré de la manera más pura.

# LA MUERTE ES INEVITABLE

*Meditación analítica*

• Aunque tengo un potencial inmenso, éste puede desvanecerse de un soplo, porque nada ni nadie puede evitar mi muerte.

• Ni los personajes famosos, tampoco los más ricos de la tierra, han podido esquivarla. Grandes yoguis y seres santos, incluido el mismo Buda, han sucumbido ante la muerte porque su cuerpo era perecedero como el mío.

• Desde mi nacimiento, cada aliento me acerca a la muerte.

• Hoy estoy más cerca de la muerte que ayer.

• El espacio de mi vida se agota implacablemente: pasan los segundos, los minutos, las horas, los días, las semanas, los meses y los años, y ellos me entregan sin piedad a los brazos de la muerte.

• La vida es un viaje hacia la muerte. Como un condenado a la pena máxima, cada día que pasa estoy más cerca del momento en que seré ejecutado.

• Incluso cuando duermo plácidamente, no dejo de aproximarme hacia ese fatal destino.

• Tengo que morir porque la enfermedad y la degeneración de mi cuerpo son inevitables. Y lo peor es que, si no lo remedio, moriré sin haber hecho preparativos para ese instante crucial.

• ¿Cuánto tiempo dedico cada día a la práctica del Dharma?

*Meditación de emplazamiento: objeto sobre el que concentrar la mente*

Desde el profundo silencio de tu meditación, recapacita en todos estos puntos, hasta llegar a la siguiente conclusión:

"Tengo que practicar Dharma".

Mantén con fuerza esta determinación en tu mente.

* * *

# EL MOMENTO DE LA MUERTE ES INCIERTO

*Meditación analítica*

- Es cierto que moriré, pero, ¿cuándo? ¿Puedo estar seguro de que viviré una semana más?

- ¿Voy a estar vivo mañana por la mañana?

- ¿Qué clase de embrujo me hace creer que no moriré hoy mismo?

- ¡Nada es más incierto que el momento de mi muerte!

- Algunos mueren viejos, pero muchos son los que mueren jóvenes. He visto morir a amigos, familiares, vecinos, artistas famosos, políticos, Maestros espirituales.

- ¿Existe alguna elixir capaz de prolongar mi vida más allá de lo que mi karma determine, alguna dieta milagrosa?

- ¿Me doy verdadera cuenta de que, mientras preparo y saboreo la mejor comida, mientras me mantengo en forma haciendo el más saludable ejercicio, mientras trato de colmar mi cuerpo de salud, en realidad, me estoy acercando inexorablemente hacia la muerte?

- Aparentemente, mi cuerpo es fuerte y resistente, pero ¿lo es realmente?

• ¿Cuántas personas perfectamente sanas han fallecido por causas tan inofensivas como un resbalón o un mal golpe?

• Mi cuerpo es tan frágil como una burbuja de aire.

• No voy a dejarme engañar por el pensamiento: "Primero terminaré mi trabajo y después empezaré a practicar Dharma". ¡La muerte puede sorprenderme y llegar antes de que mis quehaceres hayan acabado!

*Meditación de emplazamiento: objeto sobre el que concentrar la mente*

Recapacitar en estas líneas de pensamiento te enfrentará a la evidencia de que tu vida pende de un hilo muy fino que puede romperse en cualquier instante. Desde esa sensación de incertidumbre, concentra tu mente en la siguiente determinación:

*"Tengo que practicar Dharma inmediatamente".*

* * *

# EN EL MOMENTO DE LA MUERTE SÓLO EL DHARMA PUEDE AYUDARTE

*Meditación analítica*

• Cuando me llegue la muerte ¿Qué me ayudará?

• ¿Podrán ayudarme mis padres, mi esposo o esposa, mis hijos, mis amigos queridos o los médicos que me cuidan?

• ¿Podrán mis bienes, mi trabajo o mi educación ayudarme?

• ¿Podrá ayudarme mi propio cuerpo al que le he dedicado tanta energía?

• Cuando salgo de viaje hago muchos preparativos: pasaporte, dinero, billetes de avión, equipaje. Pero, ¿qué equipaje transportaré a mis vidas futuras? ¿Tendré crédito suficiente para atravesar sin dificultades la frontera del bardo? ¿Encontraré un buen ambiente en el hotel que será mi lugar en la vida futura?

• Lo único que realmente puede ayudarme en este vieje es mi propia práctica de Dharma, porque 1) purifica la energía negativa que hay en mi interior, 2) potencia mis cualidades positivas y 3)arroja luz y proporciona conocimiento a cerca del lugar al que me dirijo.

## Meditación de emplazamiento: objeto sobre el que concentrar la mente

Tras estas reflexiones, decide:

"Nada puede ayudarme, excepto empezar a practicar el Dharma con pureza desde hoy mismo".

* * *

En otras ocasiones puedes meditar, simplemente, leyendo alguna de estas citas y pensando en su significado:

La vida es fugaz como la puesta de sol, la riqueza es efímera como el rocío de la mañana sobre la hierba, los halagos son huecos como el viento entre las montañas; un cuerpo joven es como una flor en otoño. VII Dalai Lama

La vida transcurre sin detenerse día y noche y, además, nada la acrecienta ¿Por qué la muerte no habría de llegarle a alguien como yo?

La muerte es común a todos: somos como las reses camino del matadero. Aryadeva

Cuando sea atrapado por los mensajeros de la muerte: ¿De qué me servirá tener a mi familia alrededor del lecho? Sólo mi mérito me ayudará entonces, aunque nunca lo creí.

Al traicionero Señor de la Muerte no le importan las cosas que me quedan por hacer. Tanto si estoy enfermo como si estoy sano, este fugaz período de vida es inestable.

Cientos de moscas estúpidas se apelotonan encima de la carne putrefacta como si se tratara de un gran banquete. Esto mismo les ocurre a los innumerables necios que entonan la canción que busca la felicidad en los placeres superficiales; lo intentan de múltiples maneras, sin embargo, nunca se les ve satisfechos. *VII Dalai Lama*

Pensar que vas a empezar a practicar Dharma cuando hayas terminado tus trabajos y proyectos, es un fantasma que te empuja a desperdiciar tu vida entera sumido en ese engaño. Antes que ese *mañana* en el que empezarás a practicar, llegará el *hoy* del día de tu muerte. No te engañes, si quieres practicar Dharma, empieza ahora mismo. *Guntangpa*

Los trabajos incesantes en que nos implicamos antes de empezar la práctica de Dharma son como la barba de un viejo: cuanto más la cortas, más crece. *Guntangpa*

Desperdiciar casi todos los momentos del día en entretenimientos sin sentido y evasiones diversas no produce ninguna experiencia del Dharma. ¿Qué has conseguido de la vida hasta ahora? *VII Dalai Lama*

www.ingramcontent.com/pod-product-compliance
Lightning Source LLC
LaVergne TN
LVHW010637200726
843507LV00011B/1710